부모 되기,
생각을 담다

정순화 지음

A Revisit to Parenting

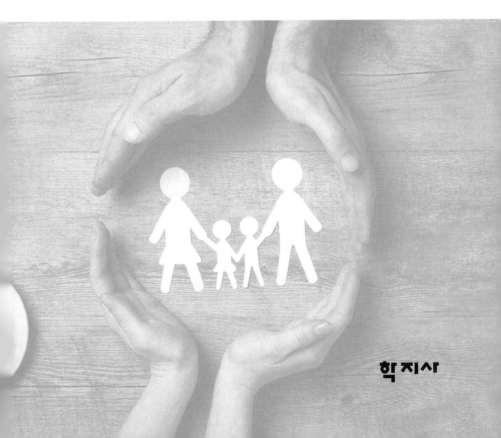

학지사

난초 그림의 일가를 이룬 석파 대원군 이하응의 '묵란첩 2'

　개인의 성장에 환경이 미치는 영향을 설명하기 위해 사람의 유형을 민들레형과 난초형으로 구분한다. 민들레는 강한 생명력을 지니고 있어서 환경의 변화에 그다지 영향을 받지 않는 반면, 난초는 환경이 조금만 달라져도 영향을 받아서 기르기가 매우 힘든 식물이다. 그래서 난초형은 환경에 따라 성장의 차이가 크다. 그만큼 부모역할의 중요성을 더욱더 실감하게 만드는 유형인 셈이다.

프롤로그

　부모가 된다는 것은 무얼 의미하는 것일까? 생각의 와중에서 가장 먼저 내 머릿속에 떠오르는 모습은 우리 어머니의 모습이다. 『부모은중경(父母恩重經)』에 담겨 있는 부모의 모습을 생각나게 하는 우리 어머니! 자식이 늙어 죽도록 끝끝내 애처롭게 여기는 은혜인 '구경연민은(究竟憐愍恩)'의 구절은 결혼하여 두 아이의 어머니가 되었어도 여전히 우리 어머니에게는 애달픈 자식이었던 나의 모습을 되돌아보게 한다. 그리고 우리 어머니가 그랬던 것처럼 나 역시 장성한 우리 아이들에게 아직도 가끔씩은 애잔한 마음이 들곤 한다.

　부모라면 당연히 그래야 한다는 듯이 어머니가 몸소 행동으로 보여 주셨던 무조건적인 사랑과 헌신의 모습이 내게 무의식적으로 스며들어 있었던 부모의 모습이었다면, 아이들을 키우면서 그리고 학생들을 가르치면서 내가 배운 것은 사랑도 지나치면 집착이 될 수 있으니 끊임없이 집착과 욕심을 내려놓는 하심의 자세, 내가 가지고 있는 편견, 내가 그려 놓은 원 안에 들어오지 않는 행동을 받아들이기 위해 더 큰 원을 그려 나가는 포용의 자세였던 것 같다.

내가 몸담고 있는 고려대학교에는 '부모되기교육'이라는 교양 수업이 개설되어 있다. 1997년에 처음 개설되어 지금까지 이어지고 있는 이 수업은 학생들로부터 참으로 많은 관심과 사랑을 받아 왔다. 아직까지 결혼을 할 것인지 말 것인지도 결정하지 않은 대학생 신분의 학생들에게 부모가 된다는 것은 아직은 먼 훗날의 일일 뿐 그다지 관심을 가질 만한 일이 아닐 것이다. 그런데도 학생들은 참으로 많은 관심을 보여 주었다. 왜 그랬을까?

아마도 수업을 통해 그렇게 만들어진 자신의 모습을 발견할 수 있었기 때문이 아니었을까 싶다. 현재 자신의 모습이, 전부는 아니라 하더라도 적어도 상당 부분이 부모의 양육방식의 결과임을 확인할 수 있었기 때문에 자신이 부모가 되어 무의식적으로 답습하게 될 원가족 부모의 양육방식이 얼마나 중요한지를 몸소 깨달았을 것이고, 동시에 부모역할이 배움을 통해 향상될 수 있다는 확신을 갖게 되었기 때문이기도 할 것이다.

수업을 통해 부모와의 관계에서 보다 성숙한 방식으로 변화를 시도해 나가는 학생들의 모습을 지켜보며 가르치는 사람으로서 보람을 참으로 많이 느꼈다. 이러한 경험이 그간 학생들과 나누어 온 내용들을 책으로 출간해야겠다는 생각을 갖게 하였다. 그래서 학술적인 내용이지만 굳이 전공자가 아니라도 편안하게 읽을 수 있도록 표현하고자 노력하였다. 그러나 마음을 따라가지 못하는 부족한 필력으로 다시 읽어 보면 부족하고 부끄러운 마음이 앞서 출간을 망설인 것도 사실이다. 하지만 짧지 않은 세월 가르치고 생각해 온 내용을 예비부모나 현재 자녀를 양육하고 있는 부모들과 나눌 수 있으면 그 또한 이 길을 걸어온 사람으로서의 보람이 아닐까 생각하여 용기를 내어 출간하고자 마음먹었다.

　이 책을 집필하면서 어머니 생각을 참 많이 하였다. 성인이 된 나에게도 든든한 비빌 언덕이었던 어머니를 생각하니 작고 하신 지 세월이 꽤 흘렀지만 아직도 그리운 마음에 가슴이 메어 온다. 무애(无涯) 양주동 선생이 『부모은중경』의 '십게찬송(十偈讚頌)'을 바탕으로 '어머님 마음'이라는 노래를 만든 것도 이런 마음에서가 아니었을까 싶다. 나도 부족함이 많은 책이지만 이 작은 책을 통해 어머니에 대한 감사와 사랑의 마음을 전하고 싶다.

　또 한편 돌이켜 보면, 부모로서 미숙한 점이 많았던 나였다.

그런 미숙한 부모로서의 여정에 동반자가 되어 함께 걸어온 남편에게도 사랑의 마음을 전하고 싶다. 그리고 그 미숙함조차도 너그럽게 받아들여 주고 함께 성장해 나가는 즐거움을 느끼게 해 준 큰아이와 작은아이에게도 그들의 존재만으로 나에게는 큰 기쁨이었다는 사랑의 마음을 전하고 싶다. 이 책에 들어 있는 대부분의 삽화는 어린 시절 그림 그리기를 좋아했던 작은아이가 그린 그림이다. 비록 아마추어의 냄새가 물씬 풍기는 그림이지만 굳이 이 그림을 택한 것도 나에게 어떤 그림이 이보다 더 큰 기쁨과 의미를 줄 수 있었을까 하는 생각에서였다.

아무쪼록 이 책이 부모역할에 대한 생각을 필요로 하는 예비 부모와 부모 모두에게 조금이나마 도움이 될 수 있기를 기대한다. 또한 그런 생각이 밑알이 되어 이 땅의 모든 아이들의 몸과 마음이 건강하게 자라 나기를 바라는 소망을 담아 본다.

2017년 안암동산에서

지은이 씀

차례

1

아이들에게 부모란?

1

아이들에게 부모란?

아이들에게 부모는 어떤 존재일까? 그리고 부모로서 나는 어떤 사람일까? 부모가 되어, 부모역할을 하면서 종종 자문해 보곤 하는 물음들이다. 그리고 이러한 물음에 대한 대답에서 우리는 어릴 적 어머니의 모습, 아버지의 모습을 떠올리게 된다.

'아이들에게 뭐라 하지 마라. 네가 온 길이다. 노인에게 뭐라 하지 마라. 네가 갈 길이다.'라고 한다. 내 부모가 갔던 길을 지금 내가 가고 있고, 지금 내가 가고 있는 길은 바로 먼 훗날 내 자녀가 따라올 길이다. 그렇게 부모역할은 우리의 할아버지, 할머니로부터 아버지, 어머니에게로, 또 아들, 딸들에게로 전수되어 간다.

반 고흐의 '첫걸음'

세상을 향해 첫걸음을 내딛는 벅차오르는 희망의 순간, 일하던 아버지는 삽을 내려놓고 아이를 향해 두 팔을 벌렸고, 아이도 아버지를 바라보며 함께 두 팔을 벌렸다. 아버지는 앞에서, 어머니는 뒤에서 이제 막 첫걸음을 떼려는 아이를 격려해주고 있다.

작은 우주의 거대한 신

자식을 기르는 부모야말로 미래를 돌보는 사람이
다. 자식들이 조금씩 나아짐으로써 인류와 이 세계
의 미래는 조금씩 진보하기 때문이다.

– 이마누엘 칸트 –

'신이 언제 어느 곳에나 존재하기 어려워 어머니를 만들었다.'
는 말처럼 어린아이들에게 어머니는 인간이면서 동시에 신과
같은 절대적인 존재이다. 엄마와 떨어지면 모든 것이 끝나는 것
처럼 떨어지지 않으려고 발버둥 치며 울어 대는 어린아이들의
모습을 보고 있노라면 적어도 어린아이들에게 있어서는 신과
같이 전지전능한 어머니의 존재를 실감하게 된다.

한자로 좋을 '호(好)' 자는 여자(女)가 자식(子)을 안고 있는 모
습을 형상화하여 만들어진 글자이다. 어머니가 자식을 안고 있
는 것이 얼마나 좋았으면, 또 자식이 어머니 품에 안겨 있는 것
이 얼마나 좋았으면 이렇게 좋을 '호(好)' 자가 만들어졌겠는가!

예나 지금이나 어린아이에게 있어서 절대적인 어머니의 존재를 실감하게 된다. 그래서 역사적으로 이름을 남긴 인물들의 아버지는 몰라도 그들의 어머니를 모르는 경우는 없다. 율곡 이이 선생이나 석봉 한호 선생의 아버지를 모르는 사람은 있어도 어머니를 모르는 사람은 거의 없다. 바로 훌륭한 어머니가 계셨기 때문에 그 같이 훌륭한 사람으로 성장할 수 있었다는 논리로서 그들의 어머니를 잘 알고 있는 것이다. 또 '아버지 은혜'라는 동요는 없어도 '어머니 은혜'라는 동요는 우리 모두가 알고 있고, 어버이날이 제정되기 이전부터 어머니날이 있었던 것이다.

'어미 잃은 날이 애비 정 떼는 날'이라는 우리 옛 속담은 어머니가 있어 아버지와 아이들 간의 관계도 있는 것이며, 어머니를 잃고 나면 아버지와의 관계도 유지될 수 없음을 은유적으로 표현해 준다. 바로 계모와 자녀 간 갈등을 수수방관하고만 있는 '장화홍련전'이나 '콩쥐팥쥐'에 등장하는 아버지의 모습이다. 아직까지도 아버지와 아이들이 주고받는 유일한 대화가 "엄마 어디 가셨니?"라는 말이 회자할 정도로 어머니를 중심으로, 어머니를 매개로 아버지와 아이들 간의 관계도 유지된다. 과히 이 세상 어디에나 신이 존재할 수 없어서 만들었다는 절대적인 어머니의 존재를 실감하게 한다.

반면, 아버지의 모습은 적어도 어린아이들에게는 어머니에 비해 부차적인 인물로 묘사되어 왔다. 마거릿 미드는 자녀양육에서 일차적인 역할을 하는 어머니와 비교하여 아버지의 역할을 '이차적인 역할'로, 아버지라는 존재를 '생물학적으로는 필연적이지만 사회학적으로는 우발적인 인물'로 묘사하였다. 아이가 태어나는 데 있어서, 생물학적으로는 반드시 필요한 인물이지만 양육과정에는 별로 기여하는 바가 없는 아버지의 존재를 그렇게 우발적인 인물로 묘사한 것이다. 또한 사르트르는 '아버지가 아들을 위해 할 수 있는 일 중 가장 유익한 것은 일찍 죽어주는 것'이라고 냉소적으로 표현하기도 하였다. 이면에 담긴 의미를 차치하고라도 적어도 자녀양육에서만큼은 주변적인 역할을 하는 아버지의 존재를 냉소적으로 표현한 것이다.

　그러나 이러한 모습이 현대사회의 보편적인 아버지들의 모습은 분명 아닐 것이다. 자녀의 사회적 능력에 미치는 아버지의 영향이 널리 인정되면서, 아버지는 아이들의 성장과정에서 없어서는 안 될 공로자로 평가받고 있다. 실제로, 놀이상대로서 아버지는 어머니보다 훨씬 재미있는 대상이다. 자녀와의 상호작용을 관찰하기 위해 어머니에게 아이와 놀이를 하도록 지시하면 대부분의 어머니는 바로 놀이를 시작하지 않는다. 놀이에 앞서 불편한 곳은 없는지 살펴보고, 땀을 닦아 주는 등 양육활동에 우선적으로 시간을 할애한다. 또 놀이를 해도 주로 정적인 놀이를 하며, 위험을 초래할 수 있는 움직임이 격한 놀이는 거의 하지 않는다. 어머니는 100% 자녀에게 불편함이 없도록 맞추어 주는 사람이다.

아버지와의 놀이는 동적인 놀이가 주를 이루며, 놀이상대로서 아버지는 재미있는 대상이다.

그러나 아버지는 그렇지 않다. 아버지는 자녀와 놀이를 하도록 지시하면 곧바로 놀이를 시작하고, 아버지와의 놀이는 재미가 있다. 또한 재미있는 만큼 다소 위험한 요소를 내포하고 있기도 하다. 그래서 울음으로 놀이가 끝나는 경우가 더러 있다. 아이가 울게 되면 어머니가 개입을 하게 되고 결과적으로 재미있는 놀이는 끝나게 된다. 이러한 경험을 통해 아이는 점차로 어떻게 하면 이렇게 재미있는 놀이를 울음으로 끝내는 상황을 만들지 않고 오랫동안 할 수 있을지 그 방법을 터득하게 될 것이다. 그래서 이후의 놀이에서는 위협적인 낌새가 느껴지면, 미리 아버지에게 적절한 신호를 보내야겠다는 생각을 하게 된다.

아주 오래 전 내가 올려다 본
그의 어깨는 까마득한 산처럼 높았다.
그는 젊고 정열이 있었고 야심에 불타고 있었다.
나에게 그는 세상에서 가장 강한 사람이었다.

– NEXT의 '아버지와 나' 중에서 –

이처럼 아버지와의 상호작용은 아이들로 하여금 타인과의 관계에서 어떻게 자신의 행동을 맞추어 나가고 조절해 나가야 할지를 가르쳐 준다. 그래서 아버지를 좋아하고 아버지와 상호 작용이 많은 아이들은 낯선 사람과 쉽게 관계를 형성하고 사회성도 발달한다. 아버지도 어머니 못지않은 또 다른 일차적인 양육자이자, 공로자인 셈이다. 아이들이 살고 있는 작은 우주에서 아버지는 어머니와 마찬가지로, 그리고 어머니와는 또 다른, 세상에서 가장 강하고 거대한 신과 같은 존재인 것이다.

🦢 슈퍼모델

네 자식들이 해 주기를 바라는 것과 똑같이 네 부모에게
행하라.

– 소크라테스 –

'애들 보는 데서는 찬물도 못 마신다.'라는 우리 옛 속담은 부모의 행동이 자녀에게 미치는 영향이 얼마나 지대한지를 말해 준다. 찬물 마시는 것까지 따라 할 정도이니 다른 것은 말할 필요도 없다. 아이들은 부모의 일거수일투족을 모델로 삼아 그대로 보고, 듣고, 모방한다.

아이들이 부모라는 이유만으로 무조건 부모의 행동을 따라 하는 것은 아니다. 아이들이 부모의 행동을 모방하고, 따라 하기 위해서는 적어도 아이가 보는 부모의 모습에서 온화함과 유사함, 유능함이 느껴져야 한다. 아이들이 느끼기에 따뜻하고, 자신과 닮은 점이 있고, 대단해 보여야 부모의 행동을 따라 하고 자기 것으로 받아들인다. 바로 신과 같은 절대적인 모습, 강하

고 거대한 존재로서 부모가 비쳐지기 때문에 아이들은 열심히 부모를 따라 하는 것이다. 그래서 자신이 남자아이인지 혹은 여자아이인지를 알게 되고 부모가 가장 큰 사람으로 느껴지는 유아기에 모방의 효과는 가장 극대화되어 가치롭게 여겨지는 부모의 특성을 자기 것으로 내면화시키는 동일시가 일어난다. 남아는 자신이 마치 아빠인 양 넥타이를 매면서 아빠 흉내를 내어 보기도 하고, 여아는 마치 엄마인 양 루주를 발라 보는 등 엄마 흉내를 내어 보는 동일시가 강하게 나타난다.

부모역할을 하면서 경험하게 되는 가장 놀라운 일 가운데 하나는 자신이 부모로서 하고 있는 행동이나 말이 어디에선가 많이 본 듯한 행동이고, 들어 본 듯한 말이라는 사실이다. 어떤 때는 자신도 깜짝 놀랄 정도로 너무나 많이 닮아 있다. 바로 자신이 태어난 원가족에서 보아 온 어머니의 모습, 아버지의 모습이다. 거의 세뇌에 가까울 정도로 어린 시절부터 듣고 보아 온 부모의 행동이나 말투가 세포 수준까지 깊숙이 침투되어 있어서, 화가 나거나 다급한 상황이 되면 걸러지지 않고 그대로 튀어나온다. 이렇게 되풀이되고 있는 말이나 행동은 여기서 끝나는 것이 아니라 대를 이어 전수된다.

부모를 모방하여 전수되는 것은 단순히 말이나 행동에서 그치지 않는다. 감정표현이나 감정조절방식에 이르기까지 모든 것이 모방의 대상이 된다. 어린아이들은 출생 초기부터 부모의 표정이 의미하는 바를 이해한다. '무표정실험(still face experiment)'은 어린아이들이 부모의 표정을 이해할 뿐 아니라 부모의 표정을 닮아 간다는 사실을 잘 보여 준다. 무표정실험은 말 그대로 어머니가 어린아이와 지속적으로 긍정적인 상호작용을 주고받다가 갑자기 아무런 표정도 드러나지 않는 굳은 표정을 의도적으로 연출하는 것이다. 지금까지 자신에게 호의적인 반응을 보이던 어머니가 갑자기 굳은 표정을 지으면 어린아이들은 어떤 반응을 보이겠는가?

갑작스러운 어머니의 표정 변화가 어린아이로서는 이해하기

무표정실험은 어머니가 어린아이와 긍정적인 상호작용을 주고받다가 갑자기 아무런 표정도 드러나지 않는 굳은 표정을 의도적으로 연출하는 것이다. 어머니가 굳은 표정을 지었다고 해서 아이들은 곧바로 상호작용을 포기하지는 않고, 호의적인 반응을 유도하듯 더 활짝 웃는다. 그러나 수차례 유도해 보아도 어머니가 굳은 표정을 풀지 않으면, 아이는 당황스러워하다가 마침내 울음을 터뜨린다(출처: www.youtube.com).

어려울 것이다. 그런데도 아이들은 어머니가 굳은 표정을 지었다고 해서 곧바로 상호작용을 포기하지는 않는다. 어머니로부터 호의적인 반응을 유도하듯 더 활짝 웃는다. 마치 "내가 이렇게 활짝 웃는데도 그렇게 굳은 표정을 지으실 거예요?"라고 말하듯 활짝 웃는다. 그래도 어머니가 굳은 표정을 풀지 않으면 아이는 무안한 듯 고개를 수그리고 손을 만지작거리다가 다시 한 번 용기를 내어 환하게 미소를 짓는다. 호의적인 반응을 수차례 유도해 보아도 어머니가 굳은 표정을 풀지 않으면, 아이는 무안하고 당황스러워 침을 흘리고 딸꾹질을 하다가 마침내 울음을 터뜨린다. 이러한 일이 지속적으로 반복된다면 어떤 현상이 나타날지 미루어 짐작이 가능하다. 아이들은 울지도 않고, 어머니처럼 웃는 표정이 사라진다. 어린 영아들도 어머니의 표정을 이해하고 감정적 교감을 주고받는다. 이러한 교감적인 상호작용이 중단되면 영아들의 표정도 어머니처럼 굳은 표정으로 변하게 된다.

미국의 조나단 에드워드 가문의 이야기는 모델로서의 부모 역할에 대해 많은 것을 생각하게 한다. 조나단과 그의 부인 사라가 자녀들에게 남겨 준 가장 큰 유산은 물질적인 자산이 아니라 부부간에, 부모자녀 간에 서로 사랑하고 배려하고 존중하면서 행복하게 살아가는 모습이었다. 부모들과의 상호작용을 통해 아이들은 그 모습을 닮아 갔고, 그렇게 대를 이어 훌륭한 가문을 일구어 나갈 수 있었던 것이다. 부부간에 화목하게 지내는 모습, 부모자녀 간에 사랑이 충만한 가정의 모습을 보여 주는 것은 부모가 자녀에게 물려줄 수 있는 가장 값진 무형의 자산인 셈이다. 아이들은 그런 부모의 모습을 모델로 삼아 보고 배우며, 배운 것을 그대로 자녀에게 전해 줄 것이고, 다시 그 자녀는 자신의 자녀에게로, 이렇게 부모역할은 전수되어 가는 것이다.

🏃 부모각본의 전수자

우리가 운명이라고 받아들이는 것은 우리가 각본에

따라 무의식적·강박적으로 연기하고 있는 것이다.

– 에릭 번 –

부모로서 자신이 하고 있는 말이나 행동은 원가족 부모를 모델로 삼아 배운 것이 많다. 그러나 원가족 부모로부터 배우는 것은 단순히 바깥으로 드러나는 행동을 모방하는 것에서 끝나지 않는다. 부모와의 지속적인 상호작용을 통해 이후 자신이 자녀에게 어떻게 반응할 것인지, 하나의 각본을 만들어 낸다. 그리고 자신이 부모가 되어서는 이미 짜 놓은 각본에 따라 그대로 부모역할을 연출하게 된다.

각본이란 연극이나 영화를 만들기 위해 하나하나의 장면마다 연기자가 연기해야 할 대사의 내용을 쓴 글을 의미한다. 그러나 연극이나 영화의 각본은 작가가 쓴 것이지만 각본이론에서 말하는 각본은 각 개인이 써 나간 것이다. 어린 시절 부모와의 상호작용을 통해 형성된 삶에 대한 인상이 이후 이러한 경험이 반복되면서 굳어져 각본을 형성하게 된다. 인생을 하나의 드라마에 비유했을 때 사람들은 자신이 써 놓은 각본에 따라 무의식적으로 상대방의 행동을 해석하고 반응한다고 볼 수 있다. 즉, 눈에 보이는 하나하나의 장면을 있는 그대로 객관적으로 보는 것이 아니라 자신이 가지고 있는 틀 속에서 자녀가 한 행동의 의미를 해석하고, 이후 어떤 행동이 일어날 것인지를 예측하며 이에 따라 반응하게 된다는 것이다.

부모 이외에는 달리 부모역할을 접하거나 배울 기회가 없는 현대의 핵가족구조에서 원가족부모의 말이나 행동은 분명 부모역할을 수행하는 데 큰 도움이 되는 든든한 자원인 것만은 부인할 수 없다. 그러나 문제는 자신이 배우고 싶지 않았던, 그리고 이것만은 절대로 내 부모를 닮지 않겠다고 다짐했고, 나는 절대로 내 부모처럼은 안 할 것이라고 장담했던 부정적인 부모의 행동이나 태도가 그대로 각본으로 굳어져 이후 자녀에 대한 반응에서 지속적으로 되풀이될 수 있다는 사실이다.

자녀의 부정적인 행동에만 지속적으로 초점을 맞추어 푸념을 늘어놓는 부모 슬하에서 성장하면서 '자식 낳아 키워 봐야 아무 소용없다.'라는 부정적인 기대가 각본으로 굳어진 상태로 부모역할을 시작하는 사람의 삶을 가정해 보자. 이 사람은 의식적으로는 분명 자녀와 친밀한 관계를 형성하고자 할 것이다. 그러나 안타깝게도 무의식적으로는 이러한 자신의 부정적인 기대가 빗나가 자녀와 친밀한 관계를 형성하고 유지하는 것보다도 '자식 낳아 키워 봐야 아무 소용없다.'는 자신의 기대가 맞아떨어지기를 더 바란다. 그래서 자신의 기대에 따라 자녀의 부정적인 행동에만 초점을 맞추고 집착하는 '우(愚)'를 범하게 된다. 그러고는 역시 '자식 낳아 키워 봐야 아무 소용없다는 내 생각이 맞았구나!'라는 결론을 내림으로써 자신의 각본을 굳혀 나가게 된다.

장남만 최고라고 생각하는 원가족에서 차남으로 태어나서 설움받은 상처가 해결되지 못한 채 결혼을 하고, 아버지가 된 남성의 삶을 생각해 보자. 이 남성은 차남으로서의 피해의식을 가지고 부모역할을 하게 된다. 그리고 자신이 가지고 있는 피해의식은 장남에 대한 편견을 만들어 내고 궁극적으로는 장남과의 부정적인 상호작용에만 초점을 맞추게 된다. 그 남성의 장남으로 태어난 아이는 아버지의 피해의식 때문에 장남이라는 이유만으로 다시 피해를 입게 되는 상황을 감수해야 한다. 또한 아들만 최고라고 생각하는 집에 딸로 태어나 설움받은 상처가 해결되지 않은 채 어머니가 되는 여성의 삶도 마찬가지이다. 성장 과정에서 "네가 사내아이로 태어났더라면……." 혹은 "딸인 줄 알았으면 안 낳았어." 등과 같은 메시지를 지속적으로 들어 온 여성들은 자신의 여성성에 대해 자긍심을 갖지 못하고, 여성으로서의 긍정적인 성정체감을 형성하기가 어렵다. 그래서 과도하게 남성적인 행동을 한다거나 남성에 대해 지나치게 경쟁적인 태도를 형성하게 된다. 그리고 자신이 가진 남성에 대한 편견은 결혼 이후 남편이나 아들의 행동 하나하나를 남녀차별과 관련시켜 해석하고 반응하게 한다.

또한 어떤 경우에는 반동형성이 일어나기도 한다. 부모의 엄한 훈육이나 지나친 조기교육 때문에 너무나 힘들었고 지긋지긋한 어린 시절을 보낸 경험을 가지고 있는 사람들은 자신의 부모와는 정반대로 자녀에게 마땅히 가르쳐야 할 행동도 내버려 두는 방임이 일어나기도 한다. '날 좀 내버려 두었으면…….' 하고 소망했던 자신의 어린 시절 바람대로 아무 것도 가르치지 않고 내버려 두는 것이 가장 행복한 어린 시절을 보내는 방법이라는 각본이 형성된 것이다. 심한 경우 자녀가 하고 싶다고 해도 그 욕구조차 무시하기도 한다. 이 또한 어린 시절 부모와의 상호작용으로부터 자유롭지 못해 생긴 편견일 것이다.

사람은 누구나 부모로서 자신의 역할을 잘 수행하고 싶은 욕구를 가지고 있다. 그리고 누구나 옳고 싶은지 혹은 행복해지고 싶은지를 물어보면, 행복해지고 싶다고 대답한다. 그러나 자신의 기대가 들어맞는다는 것은 자신의 생각이 옳다는 정당성을 부여해 주기 때문에 사람들은 행복해지기보다는 비록 불행한 결과를 초래하더라도 기꺼이 자신이 써 나간 인생각본에 따라 자신의 생각이 옳았음을 확인시켜 주는 방향으로 행동을 이끌어 나가게 된다. 바로 자신이 만든 각본에 따라 자신의 운명이 만들어지는 셈이다. 즉, 어린 시절부터 형성되고 굳어진 각본에 따라 무의식적으로 부모역할을 수행하게 된다. 이런 의미에서 본다면 부모 자신도 결국 원가족 경험의 피해자인 셈이다. 이처럼 우리는 평생 다스려야 할 어린 시절의 상처와 편견을 간직한 채 부모가 되고, 이것은 부모역할의 걸림돌로 작용한다. 그래서 부모로서 자신에 대한 통찰이 필요한 것이다.

부모가 되는 첫걸음은 먼저 자신이 원가족 부모와 어떤 부정적인 경험을 가지고 있는지, 그리고 그로 인해 어떤 편견을 형성하게 되었는지를 생각해 보고 이로부터 자유로워지는 것이다. 자신이 상처와 편견을 많이 가지고 있으면 있을수록 자녀의 행동을 있는 그대로 받아들이지 못하고 자신의 틀에 넣어 왜곡해서 해석하고 반응한다. 공자와 같은 성인도 나이 칠십이 되어서야 비로소 '종심소욕불유구(從心所慾不踰矩)', 즉 마음 내키는 대로 행동해도 크게 법도에 어긋나는 법이 없었다고 하였다. 자신 속의 어린아이를 다스리는 데 평생이 걸렸다는 이야기이다. 하물며 범부의 인생에서 그것이 수월할 리가 있겠는가!

🐝 아낌없이 주는 나무

저의 모든 글은 아버지를 상대로 해서 쓰여졌습니다. 글 속에서 저는 평소 아버지의 가슴에 대고 말할 수 없는 것만을 토로했습니다.

– 프란츠 카프카 –

『아낌없이 주는 나무』라는 동화책 속의 나무와 소년의 모습은 은유적으로 부모자녀관계를 잘 그려 주고 있다. 철없던 어린 시절에는 그네를 매달아 즐겁게 놀 수 있는 놀이터가 되어 주고, 커서는 나무 열매를 따서 돈을 마련할 수 있게 해 주며, 필요하면 나무를 베어 집을 만들고 배를 만드는 밑천이 되어 주고, 나이 들어서는 휴식이 필요한 소년에게 걸터앉아 쉴 수 있도록 그루터기까지 내주는 나무의 모습은 이 세상 부모들의 모습과 참으로 흡사하다.

자동차사고나 비행기사고에서 부모는 사망했는데도 품속의 아기는 전혀 다치지 않고 무사하다는 믿기 어려운 이야기를 접

나이 들어서 휴식이 필요한 소년에게 걸터앉아 쉴 수 있도록 그루터기까지 내주는 나무의 모습은 이 세상 부모들의 모습과 참으로 흡사하다.

하는 경우가 종종 있다. 나무가 소년에게 그러했듯이 자신이야 어찌되든 자식만은 살리겠다는 일념이 만든 기적이 아닐까 싶다. 마음속에 자기중심적인 동기를 전혀 갖지 않고 자녀의 행복을 위해 사심 없이 헌신하는, 자식을 위해 목숨까지도 불사하는 부모의 지극한 사랑이 만든 기적일 것이다.

그런가 하면, 프란츠 카프카(Franz Kafka)의 『변신』이라는 책에는 어느 날 아침 갑자기 흉측한 벌레로 변한 자식의 모습이 그려져 있다. 가족들은 벌레로 변한 주인공의 존재를 받아들일 수 없어 방안에 가두려 한다. 그러나 그는 끊임없이 방 밖으로 나와 가족들과 합류를 시도하다가 결국 아버지가 던진 사과에 맞아 죽음을 맞이하게 된다. 이 이야기는 우회적으로 부모자녀관계가 무엇인지, 부모가 벌레로 변한 자식의 존재까지도 사랑할 수 있는지에 대해 생각해 보게 한다. 『아낌없이 주는 나무』에 그려진 나무의 모습과는 사뭇 거리가 있다.

실제로 부모역할을 통해 우리가 얻은 것은 무엇이고 잃은 것은 무엇인지를 한번 생각해 보자! 자녀양육으로 인한 엄청난 가사노동과 시간적·경제적 부담 등 외형상으로는 얻은 것이 전혀 없다. 그런데 왜 사람들은 부모가 되고자 할까? 게다가 자녀를 위해서라면 기꺼이 모든 것을 내주고 죽음까지도 불사하는 이러한 이타적인 사랑의 실체는 도대체 무엇일까?

인간의 삶은 유한하고 언젠가 죽음을 맞이해야 하는 것은 필연적이다. 그러나 자녀를 출산함으로써 인간은 자기유전자를 보존할 수 있고, 무한하게 살고 싶은 욕구를 충족시킬 수 있다. 그래서 사람들은 자녀를 출산하고 양육하는 수고를 아끼지 않는 것이다. 사회생물학에서는 자기유전자를 보존하는 것이 삶의 궁극적인 목표이고, 이러한 과정에서 환경에 잘 적응하는 개체는 살아남지만 그렇지 못한 개체는 도태된다는 사실을 전제로 한다. 부모가 자녀에게 투자하는 것은 자녀가 이 사회에 잘 적응하여 살아남을 수 있는 가능성을 높여 주는 것이다. 부모들이 자녀에게 아낌없이 투자하는 것은 바로 이러한 이유이다. 현대사회에서 이러한 투자의 대부분은 교육에 집중될 수밖에 없고, 자녀가 사회에 첫걸음을 내딛는 시기가 점차 늦춰지고 있는 것도 당장은 어렵지만 교육연한을 연장시킴으로써 궁극적으로는 자녀의 생존가능성이 높아진다고 생각하기 때문이다. 자녀 양육에 대한 비용이 점차 증가하면서 결국 부모들은 투자를 여러 자녀에게 분산시키기보다는 한두 명의 자녀에게 집중해서 할 수밖에 없게 되는 것이다.

역사적으로도 먹을 것이 절대적으로 부족했던 시절에는 어떤 세대가 희생을 감수해야 할 것인지 선택의 문제가 필연적으로 대두되었다. 이런 상황에서 대부분의 사회에서는 가장 연장자인 세대가 희생을 감수하는 풍습들이 존재했었다. 예전 우리나라에서 행해졌던 고려장의 풍습처럼 지금도 식량이 부족한 세계 여러 나라에서 일차적인 희생의 대상은 가장 연장자인 세대이다. 자손을 보존하는 것, 자기유전자를 보존하는 것이 궁극적인 목적이기 때문이다. 그럼에도 식량이 부족한 경우 동일 세대에서 누구를 선택해야 할 것인지의 문제가 대두된다. 유아살해풍습은 형제간 터울 간격이 너무 좁거나 자원이 부족한 상황에서, 이미 최초의 위험 시기를 살아 낸 건강한 자녀에게 제한된 자원을 집중하여 투자하려는 피치 못할 선택의 결과이다. 우리 전통사회의 '장자우대 불균등 상속' 관행이나 가정형편이 넉넉하지 않은 경우 가장 뛰어난 자녀에게만 투자를 했던 것도 이러한 선택의 맥락에서 이해할 수 있다.

동물의 경우도 예외가 아니다. 지구상에 존재하는 많은 동물도 인간처럼 자식을 위해 부모세대가 희생한다. 가시고기는 알이 부화하기 전에 충분한 산소를 공급하느라고 지느러미로 쉬지 않고 날갯짓을 하다가 알이 부화되면 기력이 쇠진하여 숨을 거둔다. 새끼를 낳는 대가로 자신을 희생하는 것이다. 또한 동일한 세대에서 먹이가 부족한 경우 희생자는 가장 어리거나 약한 새끼가 된다. 독수리 새끼들의 경우 먹이가 부족한 상황에서 힘이 센 형이 힘이 약한 아우가 더 이상 먹이를 먹지 못하도록 공격하기도 한다. 힘이 센 새끼가 약한 새끼를 공격해도 어미는 간섭하지 않는다. 어미의 간섭은 바로 유전적 이해관계, 즉 자기유전자를 보존하고자 하는 삶의 궁극적인 목표에 반하는 것이기 때문이다.

시몬 드 보부아르(Simone de Beauvoir)는 "나를 낳아 달라고 부탁한 기억은 없다고 불효자식은 말합니다. 그러나 부모는 나는 오로지 너를 위해서만 살아왔다. 나는 너에게 모든 것을 바쳤다고 말합니다. 자식을 생각한다는 것은 아무에게도 몸을 바치는 것이 아닙니다. 그것은 세계 속에 자기를 던지는 일입니다."라고 하였다. 어떤 부모가 자식을 위한 희생에 몸을 사리겠는가? 그리고 그러한 희생을 희생이라고 생각하겠는가? 흔히들 부모의 희생을 이타적인 사랑의 극치라고 한다. 동시에 이러한 희생 속에는 자신의 유전자를 보존해 나가려는 인간의 욕망도 잠재되어 있는 것인지도 모른다.

🐝 천사 대 마귀

> 가장 훌륭한 포도주가 가장 독한 식초로 바뀔 수 있
> 듯이, 깊은 사랑도 한순간 가장 지독한 증오로 바뀔
> 수 있다.
>
> – 존 릴리 –

‘sky대학’ ‘기러기 가족’ ‘엄친아’ 등은 우리나라 부모들의 초미의 관심사가 무엇인지를 잘 보여 주는 용어들이다. 대한민국 부모들의 지상최대의 목표는 일단 자녀를 명문대학에 입학시키는 것이다. 그래서 명문대학의 알파벳 첫 글자를 따서 ‘sky대학’이라는 용어가 만들어졌고, 자녀교육에 도움이 된다고 생각되면 가족 간의 분거도 불사한다. 바로 ‘기러기 가족’이 탄생하는 것이다. ‘엄친아’는 이러한 과정에서 특히 어머니의 기대를 충족시켜 주는 자녀를 지칭하는 용어로, 이들은 본의 아니게 그렇지 못한 수많은 아이의 공공의 적이 된다.

일제강점기와 한국동란을 거치면서 힘든 삶을 살아온 우리

의 부모세대들은 자식에게도 항상 먹고사는 문제를 강조할 수밖에 없었다. "그걸 해서 밥벌이가 되겠니?" 혹은 "그래 가지고 어떻게 먹고 살래?" 등 먹고사는 능력을 키우는 것이 자녀양육의 중요한 화두였다. 궁핍했던 시절, 오죽하면 논두렁에 물 흘러가는 소리와 자식들 목구멍에 밥 넘어가는 소리가 가장 듣기 좋은 소리라고 했을까? 예나 지금이나 우리나라 부모들에게 있어서 밥벌이는 절대로 간과할 수 없는 자녀양육의 중요한 목표이며, 밥벌이는 곧 교육에 대한 투자라는 공식으로 각인된 채 전수되어 오고 있다. 땅덩어리도 좁고 특별한 자원도 없는 우리나라의 현실에서는 교육 이외에 다른 마땅한 대안을 찾기도 어렵다. 그러니 우리나라 부모들이 자녀교육에 쏟는 열정을 무조건 나쁘다고 할 수만은 없다. 이러한 교육에 대한 투자와 열정이 바로 오늘날의 대한민국을 있게 한 원동력이었음은 부인할 수 없다.

그런데 자녀교육에 대한 과도한 투자는 결국 과도한 기대나 보상심리와 결부된다. 투자를 해 놓고 보상을 바라지 않는 사람은 없기 때문이다. 그렇게 자녀교육에 투자를 했으니 그에 따라 눈에 보이는 결과물을 기대하는 것은 인지상정이다. 밥벌이가 중요하고 그 바탕이 되는 학벌이 중요하다고 생각하여 교육에 모든 것을 투자한 부모에게는 외형적으로 드러나는 결과가 중요하다. 무형의 결과물보다는 눈에 보이는, 남에게 보여 줄 수 있는 드러나는 결과만이 중요할 뿐이다. 따라서 어떻게 해서든 좋은 대학에 들어가는 것이 보다 중요한 일이라고 생각할 수밖에 없다.

이런 유형의 결과물을 보이는 아이들이 소위 말하는 '엄친아'인 것이다. 이들은 부모의 기대에 부응하는 자랑스러운 자녀다. 그러나 단기간에 그런 결과물을 만들어 내지 못한 아이들은 끊임없이 비교당하고, "너는 왜 그 아이들처럼 결과물을 보이지 못하냐?"라는 비난을 감수해야 한다. 그래서 아이들은 어머니에 대해 양가적인 감정을 갖게 된다.

먹을 것을 안 먹고, 입을 것을 안 입으며 아껴서 모든 것을 자신에게 투자했고, 자신을 위해 모든 것을 포기한 사실을 너무나 잘 알고 있는 자녀로서는 어머니가 천사 같은 고마운 존재이다. 그러나 한편으로는 "내가 이렇게 투자를 했는데도 왜 너는 그것밖에 못하냐?"라고 몰아세우는 어머니의 모습은 도망가고 싶은, 마귀 같은 존재로 느껴지기도 한다. 어머니가 그만큼 희생을 하였으니 고마운 생각도 들고, 또 한편으로는 다른 아이와 비교하고 닦달하니 죽고 싶다는 생각이 들기도 하는 것이다.

아이들의 글에서 어머니는 천사 대 마귀의 양면적인 모습으로 묘사된다. 너무나
도 고마워 사랑한다는 표현을 하면서 동시에 지나친 기대로 인해 죽고 싶다고 표
현하기도 한다.

흔히 부적응 행동을 보이는 아이들의 꿈에서 어머니는 종종
귀신의 모습으로, 아버지는 도깨비의 모습으로 나타난다고 한
다. 귀신이든 도깨비이든 아이들로서는 꿈속에서도 별로 만나
고 싶지 않은 존재일 것이다. 그런데 꿈속에서 그러한 모습으로
나타난다는 것은 무엇을 의미하는 것일까? 또한 둘 가운데 누가
더 상대하기 어려운지를 생각해 보자. 도깨비는 다소 허술한 면
도 있고 방망이를 두드리면 무언가를 횡재할 기회도 있지만 귀
신은 그렇지가 않다. 자신은 귀신을 볼 수 없다 하더라도 귀신

부적응 행동을 보이는 아이들의 꿈에서 어머니는 종종 귀신의 모습으로, 아버지
는 도깨비의 모습으로 나타난다. 왜 꿈에서 귀신이나 도깨비의 모습으로 나타나
는 것일까?

은 어디선가 집요하게 자신을 바라보고 있고, 발버둥 쳐도 벗어나기 힘든 대상이다. 아이들에게 있어 어머니는 안전기지로서, 절대적인 존재이기도 하지만 그런 만큼 관계가 부정적일 경우에는 아버지보다도 더 부정적일 수 있는 존재인 것이다. 특히 부부관계가 원만하지 못한 가정에서 어머니는 더욱더 자녀에게 집착한다. 부부관계에서 얻지 못한 보상까지도 자녀를 통해 얻으려 하기 때문이다.

2

우리 아이는 어떤 아이일까?

2

우리 아이는 어떤 아이일까?

어느 날 포수가 사냥을 나갔다. 때마침 먹잇감을 구하러 나가던 고슴도치 어미는 포수를 보고 신신당부를 하였다. 사냥을 하더라도 제발 내 새끼는 잡아가지 말아 달라고⋯⋯. 그래서 포수가 "네 새끼가 어떻게 생겼냐?"라고 물어보았더니 어미는 숲속에서 제일 예쁘게 생긴 것이 내 새끼라고 대답하였단다.

얼마 후 숲으로 돌아온 어미는 포수의 손에 들려 있는 새끼들을 보고, 내가 그렇게 신신당부를 했는데 어떻게 그럴 수가 있냐며 통곡을 했다고 한다. 이렇게 유래된 '고슴도치도 제 새끼가 제일 곱다고 한다.'는 말은 부모가 자기 자식을 객관성 있게 판단하는 것이 얼마나 어려운지를 보여 준다.

핑 리안의 '우부디아 사원(Ubudiah Mosque I)'

아이들은 제각기 나름대로의 재능을 부여받고 태어나지만 영역 간 재능의 차이가 뚜렷하여 특정한 영역에서는 상당히 우수하지만 자폐증이나 기타 다양한 발달장애를 수반하는 경우를 서번트 증후군이라고 한다. 이 그림은 미술 영역에서 특히 뛰어난 능력을 보인 서번트 증후군의 천재화가 핑 리안의 그림이다.

🎗 기질, 조화의 적합성과 부적합성

> 어떤 기질은 좋고 바람직하며, 또 다른 기질은 좋지
> 못한 것으로 볼 수 없다. 결국 부모의 양육태도와 자
> 녀의 기질이 얼마나 조화를 이루느냐가 관건이다.
>
> — 알렉산더 토마스, 스텔라 체스 —

어느 목사에게 두 아들이 있었다. 이들은 같은 부모 밑에서 판이하게 다른 모습으로 성장하였다. 그중 한 아이는 뭇 사람들의 선망의 대상이 되는 훌륭한 청년으로 성장하였고, 또 다른 아이는 교도소를 수시로 드나드는 범죄자로 성장하였다. 같은 아버지 밑에서 이처럼 판이하게 성장한 두 사람의 모습을 보고 어느 기자가 두 아들에게 각각 '어떻게 자신이 지금과 같은 모습으로 성장할 수 있었다고 생각하는지' 물어보았다고 한다. 그랬더니 놀랍게도 그는 두 아들로부터 모두 "우리 아버지 같은 부모 아래서 지금의 모습으로 성장한 것이 너무나 당연한 것 아니냐?"는 똑같은 대답을 들을 수 있었다고 한다.

왜 그런 대답이 나온 것일까? 바로 아이가 가지고 있는 기질의 차이에서 비롯된 것이다. 한 아이는 아버지와 소위 말하는 코드가 맞아서 아버지의 말씀 한 마디 한 마디가 모두 지당하다고 생각하여 인생살이에 도움이 되는 귀감으로 받아들였던 것이고, 다른 아이는 아버지와 코드가 맞지 않아 아버지의 말씀을 자신이 어련히 알아서 잘할 텐데 믿지 못해 훈계하는 잔소리로 받아들였던 것이다. 그래서 귀를 막아 듣지 않고 오히려 반항했던 것이다.

부모자녀관계에 대한 전통적인 시각은 '문제부모가 있을 뿐, 문제아는 없다.'는 것이다. 자녀가 문제행동을 보이는 것은 전적으로 부모의 잘못된 양육태도 때문이지, 자녀의 잘못 때문이 아니라는 것이다. 그래서 부모가 자녀에게 미치는 영향에는 많은 관심을 기울인 데 반해, 자녀가 부모에게 미치는 영향은 미미한 것으로 간과해 왔다. 그런데 동일한 부모 밑에서 이처럼 판이하게 다른 모습으로 성장한 아이들의 사례는 부모의 양육태도 못지않게 자녀의 타고난 기질도 개인의 성장에 지대한 영향을 미친다는 것을 말해 준다.

일찍이 그리스 시대의 유명한 의사인 히포크라테스는 사람의 타고난 기질을 우울질, 다혈질, 담즙질, 점액질의 네 가지 유형으로 구분하고 사람마다 상이한 기질의 차이에 주목하였다. 20세기에 들어와 토마스(Thomas)와 체스(Chess)는 규칙성, 활동성, 적응성, 반응강도, 부정적 정서 등의 특성을 중심으로 아이들의 기질을 순한 기질, 까다로운 기질, 느린 기질로 구분하였다. 그리고 자녀의 타고난 기질과 부모의 양육방식이 조화를 이루는 경우와 그렇지 못한 경우를 '조화의 적합성(goodness of fit)'과 '조화의 부적합성(poorness of fit)'이라는 용어로 설명하였다. 여러 기질의 유형 가운데 어떤 기질이 좋고 바람직하며, 또 어떤 기질은 나쁜 것이고, 바람직하지 못하다고 말할 수는 없다. 순한 기질의 아이들을 양육하는 것이 비교적 수월하고, 까다로운 기질이나 느린 기질의 아이들을 양육하는 것이 상대적으로 어렵기는 하지만, 그렇다고 해서 순한 기질의 아이들이 반드시 바람직하게 성장하는 것만은 아니다. 결국 부모의 양육태도와 자녀의 기질이 얼마나 조화를 이루느냐에 따라 발달의 결과는 달라진다.

순한 기질의 아이들은 생리적 리듬도 규칙적이고 적응능력이 뛰어나며, 잘 웃고 명랑한 기분상태를 유지하기 때문에 부모로서는 비교적 키우기 수월한 유형이다. 순한 기질의 자녀를 둔 부모는 자녀를 키우는 것이 그다지 어렵지 않다고 생각한다. 그래서 이들은 까다로운 기질의 자녀를 둔 부모를 "왜 아이를 저렇게 버릇없이 키울까?"라고 비난하기도 한다. 또 어떤 경우에는 자신의 뜻에 반하지 않고 순종하는 자녀에게 '착하다'는 말을 남발함으로써 그렇지 않아도 순한 기질의 아이를 더욱더 부모 말을 잘 듣는, 한 걸음 더 나아가 결코 "싫어!"라는 거절의 말을 못하고 부모의 지시대로 움직이는 로봇 같은 아이로 키우는 '우(愚)'를 범하기도 한다. 순한 기질의 아이들은 자신보다 타인의 기대를 더 우선시한다. 이들은 타인의 기대에 따라 자신을 맞추어 나가고, 따라서 부모들은 이들에게 자꾸만 양보를 강요하게 된다. 그러다 보면 순한 아이들은 '착하다'는 칭찬이 질곡이 되어 자신이 내키지 않는 행동도 억지로 하는 경우가 많아진다.

예를 들어, 심부름을 시키는 경우 부모는 까다로운 자녀로부터는 "싫어!"라는 거절의 반응을 예측하기 때문에 무의식적으로 순한 기질의 자녀에게 시키게 된다. 그리고 이들에게 "○○, 착하지!"라는 말을 함으로써 자녀가 거절을 할 수 없도록 사전에 차단해 버린다. 부모가 무심코 하는 '착하다'는 칭찬의 말이 순한 기질의 자녀에게는 오히려 희생양의 역할을 강요하는 채찍이 되어 버리는 셈이다.

반면, 느린 기질의 아이들은 지능이 떨어지는 것이 아니라 단지 반응 속도가 느릴 뿐이다. 원래 아이들은 느리다. 그중에서도 느린 기질의 아이들은 다른 특성은 순한 기질의 아이들과 그다지 차이가 없으나 반응 속도가 느리다는 차이를 보인다. 느린 기질의 아이들은 느긋하게 이들의 속도에 맞추어 기다려 줄 수 있는 부모 밑에서는 안정적으로 성장해 나가며, 성장하면서 점차 느린 반응도 줄어든다. 그런데 어린아이의 느린 기질을 교정하기 위해 부모가 끊임없이 다른 아이와 비교하고 재촉하면, 아이들은 불안감을 갖게 되어 자신이 가진 잠재력도 제대로 발휘하지 못하게 된다. 특히 우리나라와 같이 '빨리빨리' 문화가 확산된 사회에서 부모마저 재촉하면 느린 기질의 아이들은 더욱더 발달문제를 보이게 된다. 일단은 아이의 느린 기질에 맞추어 반응해 주는 것이 우선되어야 할 문제이다.

한편, 까다로운 기질의 아이들은 생리적 리듬도 불규칙적이고, 반응 강도도 높으며, 자주 짜증스러운 반응을 보이기 때문에 양육에서 가장 어려움을 호소하는 유형이다. 까다로운 기질을 가진 아이들은 부모를 좌절하게 하거나 화나게 만들고 처벌적 훈육을 하게 만든다. 그 결과, 아이들도 짜증을 잘 내고 공격적이며, 떼를 쓰는 행동을 보이게 되고, 이로 인해 부모는 다시 처벌적 훈육을 하게 되는 악순환이 일어난다. 까다로운 기질의 아이들을 방치하거나 벌로 다스리는 것은 우선은 수월하지만, 궁극적으로는 아이들을 통제할 수 없게 되는 결과를 초래하게 된다.

그러나 까다로운 기질을 가지고 태어난 아이라 하더라도 부모가 인내심을 가지고 아이의 욕구에 민감하게 반응해 주면 점차 까다로운 특성은 감소한다. 까다로운 아이들과의 상호작용에서 가장 중요한 점은, 먼저 자녀의 감정에 귀 기울여 공감해 주고 자녀의 기대나 욕구를 충분히 인정해 주는 것이다. 예를 들어, 놀이터에서 재미있게 놀고 있는 아이에게 "이제 집에 가자."라고 했을 때, "네."라고 대답하며 부모의 뜻을 순순히 따르는 아이들은 많지 않을 것이다. 이러한 상황에서 자녀의 기대와 욕구를 인정해 준다는 것은 "재미있지? 더 놀고 싶지?" 등과 같은 표현을 통해 놀이터에서 더 놀고 싶은, 집으로 돌아가기에는 아쉬운 자녀의 마음을 인정해 주고 이에 공감해 주는 것이 필요하다. 일단 충분히 공감을 해 준 뒤 놀이터에서 더 놀고 싶은 마음은 충분히 이해를 하지만 이러이러한 이유로 이제는 집에 돌아가야 할 시간이라고 현재의 상황을 설명해 주어야 한다. 그리고 가능한 대안을 제시해 주고, 아이로 하여금 선택을 하게 하는 것이 바람직하다.

자녀가 까다로운 기질의 아이라고 생각하는 부모는 "너는 왜 그렇게 매사에 까다롭게 구니?"라고 비난을 하거나 낙인효과를 심어 주는 말을 하곤 한다. 이러한 낙인효과에 따라 아이들은 점점 더 까다로운 아이로 성장하게 된다. 그러나 기질연구의 궁극적인 목적이 기질 유형 자체를 분류하여 자녀가 어떤 유형에 속하는지를 파악하는 데 있는 것은 아닐 것이다. 자녀의 기질 유형을 파악하고, 어떻게 하면 부모의 양육태도와 자녀의 기질이 조화를 이룰 수 있는지, '조화의 적합성'을 모색하는 것이 보다 중요한 문제이다.

🐾 카인과 아벨의 후예

> 농부였던 카인은 자신의 수확을 주님께 바쳤고, 목
> 동이었던 아벨 역시 제물을 바쳤다. 아벨은 가축 가
> 운데서 처음 난 것을 골라 바쳤고, 주님께서는 아벨
> 의 제물을 더 기쁘게 받으셨다.
>
> – 창세기 –

　부모의 사랑을 독차지하고 모든 것을 누리던 아이에게 동생
이 태어난다는 것은 어떤 느낌일까? 지금까지 자기에게만 쏠리
던 가족들의 관심이 갑자기 태어난 동생에게로 옮겨 갈 때 아이
들이 느끼는 감정은 어떤 것일까? 동생 옷만 사 가지고 와서는
자기에게는 예의상 잠깐 관심을 보이는 시늉만 하고 동생만 쳐
다보면서 "어쩌면 이렇게 귀여울까!"라는 감탄사를 토해 내다
가, "동생 예쁘지?" "동생 생기니까 좋지?" "동생 잘 데리고 놀아
야지!"라는 말을 쏟아 놓을 때 아이들이 느끼는 감정을 한번 생
각해 보자! 아마도 남편이 새 아내를 데리고 와서 첫째 부인에

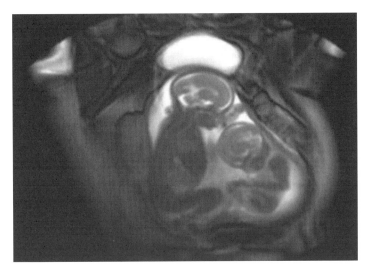

태내에서 사이좋게 지낼 것이라는 통념과는 달리, 런던의 한 병원에서 촬영된 MRI 사진에서는 태어나기 이전부터 싸우고 있는 쌍둥이 형제의 모습이 포착되었다(출처: http://whiteve.tistory.com/2).

게 잘 지내라고 하는 것 못지않게 불편한 심사일 것이다.

형제관계가 이처럼 불편한 관계에서 출발하는 것은 일차적으로 부모의 관심을 나누어 가져야 하기 때문이다. 또한 부모의 관심이라는 심리적 자원뿐 아니라 한정되어 있는 물질적 자원도 나누어 가져야 하기 때문이다. 일정한 자원을 가지고 있는 부모로부터 더 많은 것을 얻고자 하는 형제관계는 기본적으로 경쟁관계에서 출발한다. 그리고 생존을 위한 이러한 경쟁은 지속적인 형제 불화로 발전하거나 심한 경우 살인이라는 끔찍한 결과를 초래하기도 한다. 카인과 아벨의 이야기는 형제관계에서 나타나는 경쟁심과 질투심, 그로 인해 파생되는 부정적인 결과를 잘 보여 준다.

그러나 모든 형제관계가 반드시 경쟁심과 질투심을 내포하고 있는 것은 아니다. 형제애가 넘쳐나는 이야기도 얼마든지 있다. 이러한 차이를 만드는 데에는 자녀와 부모 모두가 영향을 미친다. 어떤 아이들은 동생이 태어나기 전에 받았던 부모의 관심과 사랑을 하루아침에 빼앗긴 상황에서 자신이 느끼는 상실감과 분노의 감정을 항의하고 저항함으로써 되찾으려 한다. 반면, 어떤 아이들은 슬그머니 물러남으로써 그나마 남아 있는 관심이라도 받으려고 하거나 오히려 동생에게 모든 것을 양보함으로써 칭찬받는 것에 만족하는 경우도 있다. 순한 기질인지 까다로운 기질인지, 혹은 외향성인지 내향성인지에 따라 아이들이 형제관계를 조율해 나가는 방법에는 차이가 있다.

이러한 상황에서 무엇보다 중요한 것은 부모의 태도이다. 흔히 사람들은 '열 손가락 깨물어 안 아픈 손가락 없다.'고들 말한다. 이론적으로는 적절한 표현이고, 형평의 원칙에도 들어맞는 표현이다. 그러나 모든 부모가 이 말에 동의한다고 볼 수는 없다. 형제간 경쟁상황에서 부모가 손위형제에게 끊임없이 '착하다'는 말로서 양보하거나 물러나는 행동을 강화하게 되면, 아이는 자신이 동생에게 느끼는 솔직한 감정을 표현하지 못하게 된다. 그러한 일이 반복되면 자신이 어떤 감정을 느끼는지조차도 모르게 될 것이다. 이와는 달리 윽박지르거나 위협함으로써 형제관계를 표면적으로 편안한 것으로 유지하려 한다면 손위형제는 부모가 무서워 순종하는 척 행동하지만 진심으로 동생을 사랑하지 않게 된다. 바로 반항적 순종을 하게 되는 것이다.

또한 부모가 형제를 서로 비교함으로써 경쟁심을 부추기거나 특정 자녀를 편애하는 것은 문제를 더욱더 심화시킨다. 자신이 특정 자녀를 편애하고 있다는 사실을 인정하는 부모는 많지 않다. 그러나 아이들은 부모의 편애에 민감하다. 부모들은 공통적으로 형제간의 우애를 강조하지만, 정작 형제 갈등 자체보다도 부모의 태도 때문에 형제간에 서로 좋은 감정을 가질 수 없게 된다. 그래서 형제간의 사소한 말다툼에 대해서는 일단 부모가 관여하지 않고 형제끼리 스스로 문제를 해결할 수 있도록 하는 것이 바람직한 방법이다. 부모의 개입이 갈등상황에 처해 있는 두 아이 모두에게 공평한 것으로 여겨지기란 쉽지 않기 때문이다.

나는 매일 동생때문에 야단을 맞는다. 동생○○가 일곱살인데 이웃 딸한데 나영이와 매일 우리 집에와 본다. 실컷 놀고 치우지는 않는다.
그래서 내가 학교 갔다가 학원갔다 다 내방에 가면 너무 들업다 그것을 보고 엄마는 나보고 치우라고 시키신다. 엄마는 ○○가 잘못 안 먼저 나보고서 시키니 나는 섭섭했다 나는 치우고 싶으면 ○○는 보기만 하고 같이 치우지도 않는다 엄마는 그것도 보고 ○○보고 치우라 는 말은 한마디도 않하 신다.
나는 힘들어 죽겠는데 엄마는 나보고서니 나는 섭섭하고 엄마가 나를 덜 좋아 하지 않는것 같았다.
나는 동생이 밉다. 그리고 동생이 애교를 부려 장난하면 엄마와 아빠까지 웃으신다.
나도 칭찬을 받고 싶어 애교를 부리면 엄마와 아빠는 TV 않보인다고 야단 을 치신다.
오늘도 집에 가면 방 청소는 해야 한다.
엄마 아빠가 나를 좋아 했으면 좋겠다.

동시에서 아이는 동생이 어질러 놓은 것을 언니인 자신에게 치우라고 하는 것과, 동생이 애교를 부리면 칭찬하면서 자신이 애교를 부리면 TV가 안 보인다고 야단치는 부모의 모습을 통해 동생에 대한 부모의 편애를 토로하고 있다.

그러나 만약 상황이 악화되어 부모의 중재가 필요한 경우라면 마땅히 개입을 해야 할 것이다. 개입하는 과정에서 부모는 "너희들은 어떻게 얼굴만 맞대면 싸우니?"라고 소리치고 윽박지르는 대신 자녀들이 싸움을 할 만큼 화가 날 수 있다는 사실을 받아들이는 것이 무엇보다 우선되어야 한다. 예를 들어, 장난감을 자기가 먼저 가지고 놀아야 한다는 문제로 형제간에 다툼이 일어난 상황을 생각해 보자. 일반적으로 이러한 다툼에 대한 부모들의 반응은 "그까짓 장난감 때문에 싸우니?"이다.

대부분의 다툼은 하찮은 것에서 시작된다. 부부 싸움이라고 애들 싸움과 달리 대단한 문제로 시작되는 것은 아니다. 아이들이 보기에는 마찬가지로 별것도 아닌 것 때문에 엄마, 아빠가 싸우는 것이다. 작은 문제에서 시작되지만 그와 결부된 감정적인 문제는 절대로 별것 아닌 것이 아니다. 이러한 상황에서 부모가 먼저 "○○는 로봇을 네가 먼저 가지고 놀아야 한다고 생각하고, △△는 네가 먼저 가지고 놀아야 한다고 생각하는구나!" 등과 같이 자녀들의 화나는 감정을 받아 주고, "참으로 어려운 문제구나!" 등의 말로 자녀가 직면한 문제가 어려운 문제임을 인정해 주면, 다툼의 방향은 달라진다. 그리고 "그렇지만 나는 너희들이 문제해결을 할 수 있을 것이라 믿는다." 등의 말을 통해 자녀들이 스스로 해결책을 찾을 수 있으리라는 믿음을 표현해 주면서, 문제해결을 위한 자녀의 노력을 존중해 준다면 아이들은 자신들의 감정적인 문제와 갈등을 해결하는 방법을 터득하게 될 것이다.

형제관계는 부모와의 관계 못지않게 개인의 인성발달에 지대한 영향을 미친다. 그리고 형제관계가 갈등관계로 발전할 것인지 혹은 우호적인 관계로 발전해 나갈 것인지를 결정짓는 데 가장 큰 영향을 미치는 요인은 바로 부모의 태도이다.

폐위된 황제와 타고난 반항아

형제는 수족과 같고 부부는 의복과 같다. 의복이 헤
어졌을 경우 다시 새것을 얻을 수 있으나, 수족이 끊
어지면 잇기가 어렵다.

– 장자 –

흔히들 '맏딸은 살림밑천이다.'라고 한다. 동생을 보살펴 주
고 엄마 역할을 대신하는 맏이의 역할을 강조한 말이다. 자녀
수는 많고, 어머니가 일일이 모든 자녀를 신경 쓸 겨를이 없던
시절, 나이 차이가 많이 나는 손위형제가 어린 동생을 업고 있는
모습은 자주 눈에 띄는 모습이었다. 그 시절 맏이는 부모를 대
신하여 나이 어린 동생의 애착대상으로서 안전기지의 역할을
한 셈이다.

형제관계는 상호간에 긍정적인, 또 부정적인 영향을 모두 미
칠 수 있는 대등한 관계이지만, 우리 문화에서는 유독 형이 아우
에게 모범을 보이는 것을 강조하였다. '형이 잘되어야 동생이 보

박수근 화백의 '아기 업은 소녀' 열 살 어린 소녀인 장녀 박인숙이 갓난아기인 동생을 흰 포대기로 싸서 업고 있는 모습이다.

고 배운다.'는 사실을 강조하고, 아예 이러한 사실이 성장과정을 통해 뇌리에 각인되도록 하였다. 형은 동생을 아끼고 아우는 형을 공경한다는 '형우제공(兄友弟恭)'이라는 말도 어디까지나 위계적인 측면을 강조하는 것이다. 이처럼 우리 문화에서는 형과 아우의 관계를 위계적인 관계로 규정함으로써 출생순위에 내재되어 있는 불편한 속성을 애당초 차단하고자 하였다.

그러나 형제간의 위계적인 속성을 강조한다 하더라도 자원의 양이 일정한 상황에서 부모가 가지고 있는 자원을 더 많이 확보하기 위한 형제간의 경쟁은 불가피하다. 그래서 더 많은 자원을 확보하기 위해 다른 형제와 경쟁하는 과정에서 자신을 차별화시키는 전략을 사용하게 된다. 차별화를 통해 각자의 소질을 다르게 함으로써 더 많은 자원을 확보하는 것이 용이하기 때문이다. 대부분의 경우 첫째 아이와 둘째 아이가 상반되는 특성을 보이는 것도 이 때문이다.

첫째는 동생이 태어나면서 자신이 누리고 있던 지위를 박탈당하는 경험을 하게 된다. 지금까지 부모로부터 받았던 모든 사랑과 관심으로 채워진 작은 왕국을 잃어버린, 즉 폐위당하는 것에 비유할 정도로 심각한 상실감을 경험하는 것이다. 이러한 경험으로 인해 첫째는 권력과 권위의 중요성을 다른 아이들보다 더 잘 이해한다. 또 그렇게 하는 것이 부모의 관심을 얻는 데 유리하기도 하다. 그래서 첫째는 부모의 권위에 일체감을 느끼고 순응하며 이를 모방함으로써 자신의 권력을 되찾으려 하는 경향이 강하다. 부모의 기대에 부응해야 한다는 동기가 강하게 작용하여 부모와의 동일시도 강하게 나타난다. 이들은 부모와 동일시함으로써 그 보상으로 부모의 사랑을 받고, 부모도 이를 기대한다. 후순위로 출생한 자녀들의 독립적인 사고방식에는 부모가 비교적 관대하고 허용적인 태도를 보이지만, 첫째가 이들과 유사한 수준의 독립적인 사고방식을 보일 경우 보다 심각한 갈등상황에 직면하게 되는 것도 이러한 이유 때문이다. 따라서 첫째는 자신이 받고 있는 혜택 때문에 독립을 주장하는 데 있어 후순위 출생아보다 비싼 대가를 치를 수밖에 없다.

차별화과정은 손위형제에게서만 나타나는 것은 아니다. 첫째 아이가 공부를 잘하면, 둘째 아이는 첫째가 잘하는 공부보다는 오히려 첫째가 못하는 부분을 공략하는 경우가 많다. 첫째가 매운 김치를 못 먹겠다고 하면, 둘째는 자기는 먹을 수 있다면서, 애써 첫째도 못 먹는 김치를 눈물을 머금고 먹는다. 이 같은 차별화과정은 출생 당시 손위형제에 비해 모든 것이 열등한 후순위 출생아들이 부모가 가지고 있는 한정된 자원을 획득하는 데 유리하게 작용한다. 그래서 후순위 출생아들은 이미 확립된 진리나 전통적으로 전수되어 오는 지식을 거부하고 인습에 얽매이지 않으며, 모험적이고, 반항적인 성향을 보인다. 그 결과, 역사적으로 혁신적인 이론을 펼치거나 창조적인 업적을 남긴 사람들의 출생순위는 첫째보다는 후순위 출생자의 비율이 높다. 스포츠 활동에서도 첫째들은 수영, 테니스, 골프 등의 비 접촉성 스포츠를 선호하는 반면, 후순위 출생아들은 위험을 무릅쓰는, 럭비, 축구, 권투 등과 같은 접촉성 스포츠를 선호하는 경향을 보인다. 이러한 차별화는 심지어 형제 중 한 명이 부모 가운데 한 명과 강력하게 동일시하면 다른 형제는 또 다른 부모와 동일시하는 것으로 나타나기도 한다.

부모의 태도도 자녀의 차별화과정에 영향을 미치게 된다. 예를 들어, 발달이 양호한 첫째 아이를 양육하던 부부에게 신체적으로 허약하고 여러 가지 능력에서 결함을 보이는 둘째 아이가 태어났다고 가정해 보자. 이러한 상황에서 첫째 아이는 둘째 아이에 대해 실망하는 부모의 태도를 감지하게 될 것이고, 자신은 보다 유능하게 보임으로서 자신의 지위를 확보하고자 할 것이다. 그래서 첫째 아이는 부모의 기준을 만족시키는 데 열중하게 된다. 이 과정에서 첫째 아이는 자신이 최고라는 잘못된 신념을 굳혀 나가면서 동시에 동생을 좌절시키는 방법을 찾아내게 된다.

반면, 둘째 아이는 자신이 부모의 기대를 만족시키지 못한다는 사실과 동시에 손위형제가 유능하다는 사실을 감지하면서 자포자기하게 된다. 그리고 자신의 무능함을 더욱더 확신하게 되면서, 문제행동으로 부모의 관심을 끌려고 할 수도 있다. 형제관계에서 나타나는 이러한 모든 행동은 그것이 바람직하든 아니든 자신이 원하는 자원을 확보하기 위한 차별화과정의 일환으로 볼 수 있다.

🎵 한 장의 벽돌로 쌓아 올린 마천루

신이 인간을 창조할 때 모든 것은 선하지만 인간의
손으로 넘어가면 모든 것이 타락한다.

– 장 자크 루소 –

엠파이어스테이트 빌딩은 미국 뉴욕의 중요 관광 명소로 손
꼽히는 빌딩이다. 그 빌딩의 전망대에 오르기 위해 사람들은 긴
줄을 서서 기다리는 것을 마다하지 않는다. 전망대 위에 올라
느끼는 감회는 사람마다 차이가 있을 것이다. 그러나 한결같이
이렇게 높은 건물을 지어 올린 인간의 능력에 감탄을 금치 못
한다.

하나의 세포에서 시작하여 10개월 만에 3킬로그램이 넘는 신
생아의 모습으로 성장해 나가는 경이로운 태내발달의 모습을
혹자는 '한 장의 벽돌로 마천루를 짓는 것'에 비유하기도 하였
다. 벽돌 한 장으로 두 장을, 두 장으로 네 장의 벽돌을 만들어
거대한 마천루를 쌓아 올리는 것에 비유되는 인간의 능력은 경

하나의 세포에서 시작하여 10개월 만에 3킬로그램이 넘는 신생아의 모습으로 성장해 나가는 경이로운 태내발달의 모습은 흔히 한 장의 벽돌로 마천루를 짓는 것에 비유된다.

이로움 그 자체이다. 빅뱅이론에서는 작은 점 안에 갇혀 있던 물질과 에너지가 폭발하면서 지금의 은하계가 생성되었다고 하니, 세포 하나에는 인간의 모습으로 커 나갈 성장 동력이 족히 들어 있고도 남을 법하다.

출생 이후 아이들이 커 가는 모습도 마찬가지이다. 태어나는 순간부터 아이들은 폐로 숨 쉬는 법을 익혀 나간다. 한 번도 가르쳐 준 적이 없는 공기 호흡법을 놀라울 정도로 빠른 속도로 익혀 나간다. 깨어 있을 때에는 한시도 쉬지 않고 발길질을 하며 걸음마 준비를 하고, 허리와 다리 근육의 힘이 생기기 시작하면 부지런히 뒤집기와 기기 그리고 일어서기를 시도한다. 주저앉으면 또 일어서기를 시도하다가 마침내 걷게 된다. 생후 1년이면 혼자 힘으로 발걸음을 옮길 수 있게 된다.

신체발달뿐만이 아니다. 새로운 사물 앞에서 아이들이 보이는 탐구적인 눈빛은 사뭇 진지하기까지 하다. 하나의 세포에서 신생아의 모습으로 성장하듯, 하나의 점에서 우주가 생성되듯, 이 세상 모든 것을 배우고야 말겠다는 결연한 의지를 엿볼 수 있다. 누가 시키지 않아도 혼자서 옹알거리며 말을 배워 나가고, 누군가 무슨 말을 하면 쏜살같이 보행기를 끌고 와서 초롱초롱한 눈망울로 한 순간도 놓치지 않고 뚫어져라 쳐다본다. 그리고 마침내는 언어폭발이 일어난다. 이처럼 아이들은 하나의 생명체로 잉태되면서부터 이미 무궁무진한 성장 동력을 가지고 있는 것이다.

학교가 많지 않던 시절, 보따리로 만든 가방을 등에 짊어진 채 추운 겨울날에도 개울을 건너고 몇 시간을 걸어서 학교에 가던 시절이 있었다. 지금도 지구촌 오지 마을들에서는 학교 가는 길이 만만치가 않다. 그래도 아버지가 앞장서고 깊은 개울이 있으면 아이들을 업고 강을 건너서 학교에 간다. 배움의 길이 아무리 힘들어도 힘들다 생각하지 않고 가고자 하고, 또 가야 한다고 생각한다. 인간의 아기가 가지고 태어나는 탐구정신은 바로 이러한 배움의 원동력이 되고, 나아가 인간으로 하여금 다른 동물과 달리 오늘날과 같은 위대한 문명을 일구어 낸 성장 동력이 아닐까 생각하게 된다.

루소(Rousseau)는 인간의 본성, 경이로운 인간의 성장과정을 자연에 비유하여 "자연으로 돌아가라."는 명언을 남겼다. 말 그대로 자연은 가만히 내버려 두어도 봄이 되면 싹이 돋아 나오고, 여름이면 무성하게 잎을 피우며, 가을이면 열매를 맺고, 겨울이면 잎이 떨어져 앙상한 가지만 남는다. 그러다가 다시 봄이 되면 싹이 돋아 나고 잎을 피우며, 열매를 맺는 것을 반복한다. 루소는 자연과 마찬가지로 아이들도 스스로 커 나갈 수 있는 자생력을 가지고 있다고 믿었다. 그는 아이들 스스로가 자신의 성장을 주도하는 힘을 가지고 있다고 보았기 때문에 자연이 이끄는 대로 따르면 바르고 건강한 발달이 이루어진다고 생각하였다. 이러한 자신의 신념을 루소는 『에밀』의 첫머리에서 "신이 인간을 창조할 때 모든 것은 선하지만 인간의 손으로 넘어가면 모든 것이 타락한다."고 서술하였다. 그만큼 자연적인 성숙의 힘을 믿었던 것이다.

성숙의 힘을 강조하는 학자들은 극단적인 환경 결손의 문제가 없다면 자연스러운 성숙의 힘이 발달을 주도한다고 믿었다.

은물을 개발한 프뢰벨(Fröbel)도 아이들은 독립적이고 자주적인 존재로서 스스로 무언가를 이룰 수 있는 잠재력을 가지고 있다고 하였다. "나는 자유롭게 사고하는 자주적 인간을 교육하련다."라는 프뢰벨의 말은 바로 이러한 믿음의 발로이기도 하다. 만약 성인이 주도적 역할을 하게 되면 스스로 자기를 개발하려는 아이들의 의지가 감해진다고 생각하였다.

그래서 리들리(Ridley)는 가정이라는 환경을 어느 수준 이상에서는 그다지 건강 증진에 영향을 미치지 않지만 결핍되면 질병에 걸리는 비타민 C에 비유하였다. 극단적인 환경 결손이나 부모역할이 적정 수준에 미달하는 경우, 특히 물리적 환경보다 심리적 환경의 결손은 발달에 부정적인 영향을 미친다. 그러나 일단 적정 수준을 넘어서면 부모역할이 아이들의 발달에 미치는 영향은 줄어든다. 적절한 환경 조건만 구비된다면 아이들은 한 장의 벽돌로 마천루를 지을 만큼 대단한 성장 동력을 가지고 태어나기 때문이다.

뱁새와 황새

열 손가락에는 제각기 다른 길이가 있다.

- 장자 -

우리 속담에 '뱁새가 황새를 따라가면 다리가 찢어진다.'라는 말이 있다. 다리 길이가 황새와는 비교가 되지 않을 만큼 짧은 뱁새가 황새 걸음을 따라가자니 힘에 부쳐 오히려 부작용이 나

다리가 짧은 뱁새와 다리가 긴 황새(출처: www.chosun.com)

타나는 것을 일컫는 말이다. 한 장의 벽돌로 마천루를 지을 만큼 대단한 성장 동력을 가지고 태어나는 아이들이지만 그 능력에서는 차이를 보일 수밖에 없다. 우리나라 전통양육서인 『사소절』에서도 "총명하고 민첩한 아이에게 조금만 읽히게 하는 것도 좋은 것은 아니지만, 둔한 아이에게 많이 읽히면 이는 약한 말에 무거운 짐을 실은 것과 같으니, 어찌 멀리 갈 이치가 있겠는가?"라고 하여 아이들의 역량에 맞게 가르칠 것을 강조하였다.

아이들의 능력에서 나타나는 개인차를 설명하는 유용한 모델로 흔히 정규분포곡선이 사용된다. 사람의 키나 몸무게, 지능지수 등 일상생활에서 일어나는 대부분의 현상은 정규분포곡선을 이루는 것으로 알려져 있다. 정규분포곡선은 평균치를 중심으로 집중적으로 분포되어 있고, 평균치에서 멀어질수록 그 수는 점점 줄어드는 분포를 보인다. 지능지수를 예로 들면, 지능지수는 평균(M)이 100이고, 표준편차(SD)는 대략 15 정도이다. 즉, 지능지수 평균인 100을 기준으로 -1~+1 표준편차 범위인 85~115 사이에 대략 2/3 정도의 아이들이 속해 있다. 또 -2~+2 표준편차 범위인 70~130 사이에 95%가 넘는 아이들이 속해 있다고 볼 수 있다. 지능지수뿐 아니라 아이들의 능력은 대부분

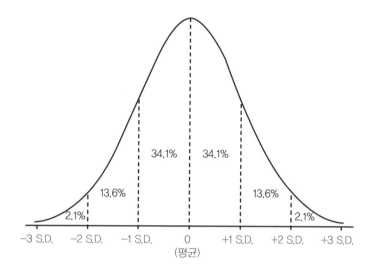

34.1%   34.1%

13.6%   13.6%

2.1%   2.1%

−3 S.D.   −2 S.D.   −1 S.D.   0   +1 S.D.   +2 S.D.   +3 S.D.
                                (평균)

평균치를 중심으로 대칭형으로 분포되어 있는 정규분포곡선: 정규분포곡선은 평균치를 중심으로 집중적으로 분포되어 있으며, 평균치에서 멀어질수록 그 수는 점점 줄어드는 분포를 보인다.

이러한 형태로 분포되어 있다.

아이들의 여러 가지 능력이 이처럼 분포되어 있는데도 부모들은 흔히 "우리 아이가 머리는 좋은데 공부를 안 해서……."라고들 한다. 고슴도치 어미처럼 부모가 자기 자식의 능력을 객관적으로 평가하기가 그만큼 어려운 것이다. 그래서 부모들은 자녀의 능력 이상으로 자녀에게 기대를 하는 경우가 많고, 지능검사 점수도 부모들의 구미에 맞게 상당히 부풀려져 있는 경우가 많다.

그렇다고 해서 지능지수가 아이들의 지적 능력을 절대적으로 반영한다는 것은 아니다. 지능지수를 포함한 여러 발달지수가 절대불변인 것은 더더욱 아니다. 지능뿐 아니라 인간의 모든 능력을 정확하게 잴 수 있는 도구는 존재하지 않는다. 단지 하나의 참고자료일 뿐이다. 그렇지만 이러한 도구들은 대략적으로 아이들의 능력이 어느 정도인지를 파악하는 데 중요한 잣대가 된다. 또한 아이들을 지도하는 데 참고가 되는 자료를 제시해 주기도 하고, 아이가 도달할 수 없는 불가능한 기대를 하지 않게 해 주기도 한다. 게다가 풍부한 환경자극이 주어지면 여러 영역에서의 발달지수도 변화한다. 일반적으로 지능지수는 15 정도 변화가 가능하다고 한다. 15 정도라고 하면 사람들은 고작 그 정도밖에 안 되냐고 반문할지 모르지만 우리 인간의 지능지수 평균이 100이라는 사실을 상기해 본다면 15라는 수치는 결코 무시할 수 없는 것이다.

왓슨(Watson)은 인간의 발달이 경험을 통한 학습의 결과임을 증명하기 위해 '앨버트'라는 어린아이를 대상으로 실험을 하였다. 그는 원래는 흰쥐에 대해 공포반응을 보이지 않았던 9개월 된 앨버트에게 생래적으로 공포반응을 유발하는 큰 소리를 들려줌과 동시에 흰쥐를 보여 줌으로써 흰쥐에 대한 공포반응을 학습하게 만들었다. 즉, 공포반응을 유발하는 큰 소리 때문에 무서워하지 않았던 흰쥐까지 무서워하게끔 학습된 것이다. 어린 앨버트를 대상으로 한 실험결과를 바탕으로 그는 환경의 중요성에 대한 자신의 신념을 다음과 같이 피력하였다. "나에게 12명의 건강한 아기를 데려다주시오. 그리고 그 아이들을 잘 키울 수 있는 준비된 환경을 마련해 준다면, 나는 그 아이들 중 한 아이를 골라 훈련시켜 내가 원하는 어떤 전문가로도 길러 낼 수 있음을 증명하겠습니다. 그 아이의 재능이나 기호, 성향, 능력, 직업, 조상과 상관없이 의사나 법률가, 예술가나 상인으로 만들 수 있습니다. 예, 그래요. 심지어 거지나 도둑으로도 만들 수 있습니다." 경험의 영향이 얼마나 지대한지를 잘 드러내 주는 표현이다.

발달을 이끌어 나가는 힘은 타고난 것이지만, 극단적인 환경 결손이 있는 경우 이 또한 치명적인 영향을 미치게 된다. 교육의 역할은 환경적인 조건을 변화시킴으로써 발달에 유익한 영향을 미치고자 하는 것이며, 부모의 역할도 이와 마찬가지이다. 가능한 범위 내에서 아이의 능력을 신장시켜 주기 위한 노력은 필요하다. 그러나 이와 동시에 뱁새 다리를 황새 다리로 바꿀 수 없다는 사실도 겸허하게 받아들여야 할 것이다.

다중지능과 서번트 증후군

자폐아 아들을 '하늘이 내린 특별한 선물'로 바라보
기 시작하자 새로운 희열이 가슴에 차오르기 시작
했다.

– 베리 카우프만 –

'굼벵이도 구르는 재주가 있다.'는 말은 아무런 재주도 없고
무능해 보이는 사람이라도 한 가지 재주는 가지고 있음을 비유
적으로 일컫는 말이다. 사람들은 각기 나름대로의 재능을 부여
받고 태어난다. 어떤 사람은 뛰어난 손재주, 또 어떤 사람은 뛰
어난 음악적 재능 등 각양각색의 재능을 지니고 이 세상에 태어
난다.

사람들이 가지고 있는 다양한 능력을 설명하기 위해 가드너
(Gardner)는 다중지능이라는 용어를 사용하였다. 그는 지능이 우
리에게 널리 알려진 지능지수(IQ)로 나타나는 지적 능력만을 의
미하는 것이 아니라 다차원적인 여러 가지 능력으로 구성되어

있다고 하였다. 이들 다차원적인 능력에는 개인내 지능, 개인간 지능, 언어지능, 논리수학지능, 공간지능, 음악지능, 신체운동지능, 자연탐구지능 등이 포함된다.

개인내 지능은 자기 자신에 대한 지식과 느낌, 통제능력을 의미하는 것으로, 흔히 종교인이나 철학자들에게서 높게 나타난다. 개인간 지능은 타인의 기분이나 의도, 동기, 감정을 지각하고 구분할 수 있는 능력을 의미하는 것으로, 종교지도자나 정치지도자, 교사, 상담원들에게서 높게 나타난다. 언어지능은 말이나 글을 효과적으로 구사하는 능력을 의미하는 것으로, 작가나 웅변가, 정치인, 시인, 평론가들에게서 높게 나타나며, 논리수학지능은 숫자를 효과적으로 사용하고 추론하는 능력을 의미하는 것으로, 수학자나 과학자, 컴퓨터 프로그래머들에게서 높게 나타난다. 공간지능은 시각적 · 공간적 세계를 정확하게 지각하고 이를 통해 형태를 변화시키는 능력을 의미하는 것으로, 실내장식가나 건축가, 화가 또는 발명가들에게서 높게 나타나며, 음악지능은 음에 대한 전반적인 이해와 분석, 변별, 표현 능력을 의미하는 것으로, 작곡가, 연주가, 음악평론가들에게서 높게 나타난다. 신체운동지능은 신체를 사용하여 생각이나 느낌을 표현하는 것으로, 배우나 운동선수, 조각가, 외과의사에게서 높게 나타나며, 자연탐구지능은 자연환경에 적응할 수 있는 능력으로, 과학자, 식물학자, 수의사 등에게서 높게 나타난다.

물론, 이러한 지능의 구분은 표현양식에 따라 분류한 것이며, 이를 정형화시켜 절대적인 잣대로 받아들일 필요는 없다. 절대적인 잣대로 개인의 지능을 구분할 경우 오히려 오류를 범할 수 있다. 과학자들은 흔히 논리수학지능이 높은 집단으로 분류되고 있지만, 아인슈타인이 상대적으로 수학에 취약했다는 것은 널리 알려진 사실이다. 과학자들도 예술가 못지않게 시각적 · 청각적 이미지를 미리 그려 보고 조합해 보는 능력이 필요하다. 마찬가지로, 음악가나 화가도 음에 대한 이해나 형태에 대한 이해 못지않게 논리수학적 능력을 필요로 한다. 그러나 분명 사람들마다 뛰어난 재능을 보이는 영역은 차이가 있다. 또한 어떤 사람들은 한 가지 영역에서 뛰어난 재능을 보이는 반면, 어떤 사람들은 여러 영역에서 재능을 보이기도 한다.

이러한 영역 간 재능의 차이가 뚜렷하게 드러나는 예가 서번트 증후군(savant syndrome)이다. 서번트 증후군은 사회성과 의사소통 능력이 떨어지고 반복적인 행동을 보이는 등 뇌의 기능 장애를 가지고 있지만 기억, 암산, 미술이나 음악 등 특정한 영역에서 뛰어난 능력을 보이는 것을 지칭하는 용어이다. 이들은 단

시간에 책의 내용을 모조리 암기하는 등 뛰어난 기억력을 보이기도 하고, 뛰어난 음감이나 색감을 보이는 등 특정한 영역에서는 상당히 우수하지만 자폐증이나 기타 다양한 발달장애를 수반한다. 서번트 증후군이 보이는 특성은 아이들이 모든 발달의 영역에서 고른 발달을 보이는 것은 아니며, 어떤 부분은 뛰어나지만 그렇지 못한 부분도 있다는 사실을 말해 준다.

그런데 중요한 사실은 자신의 직업에서 성공한 많은 사람은 자신의 뛰어난 재능을 십분 활용하는 직업에 종사하고 있고 직업만족도도 높다는 사실이다. 당연한 귀결일 것이다. 안타깝게도 많은 사람은 자신의 뛰어난 재능과는 무관한 직종에 종사하고 있다. 더구나 이들의 직업은 다른 사람들이 부러워하고 꿈꾸는 직업임에도 불구하고 정작 자기 자신은 만족하지 못하고 끊임없이 이직을 생각하고 있다는 사실이다. 남들이 부러워하는 직업을 가지고 있지만 정작 자신의 재능과는 동떨어져 행복감을 느끼지 못하는 사람과 남들이 부러워하는 것과는 별개로 자신이 만족하고 즐거워하는 직업에 종사하고 있는 사람 가운데 누가 더 행복한 사람일까? 누가 더 많은 것을 이룰 수 있을까?

군이 특별한 검사를 해 보지 않아도 자녀가 어떤 재능을 가지고 있는지는 쉽게 알 수가 있다. 부모가 시키지 않았는데도 아이가 무엇을 하면서 시간을 보내는지, 무엇을 하면서 가장 즐거워하는지를 보면 알 수 있다. 학교에 다니는 아이라면 더 쉽게 알 수가 있다. 수학지능이 뛰어난 아이는 수학공부부터, 언어지능이 뛰어난 아이는 국어공부부터, 신체운동지능이 뛰어난 아이는 운동부터 시작할 것이고, 그 공부에 가장 많은 시간을 할애할 것이다. 부모들은 아이들의 그러한 행동에 부정적인 반응을 보인다. "네가 잘하는 과목만 할 게 아니라, 부족한 과목을 공부해야지!"라고 채근한다. 그러나 사람마다 재능은 차이가 있고, 자신이 재미있어하고 자신에게 즐거움을 주는 영역을 활용하여

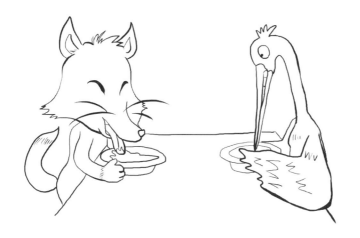

사람마다 타고난 재능은 제각각이다. 어떤 그릇에 담아 주는가에 따라 잘 먹을 수 있는지 없는지가 결정되는 것이다.

부족한 영역을 끌어올리는 것이 오히려 효과적인 방법이다.

'여우와 두루미' 이야기는 각기 다른 재능을 가진 아이들과 부모와의 관계에서 일어날 수 있는 오류를 생각해 보게 한다. 사람마다 타고난 모습은 제각각이고, 어떤 그릇에 담아 주느냐에 따라 음식물을 잘 먹을 수 있는지 없는지가 결정되는 것이다. 두루미처럼 기다랗고 딱딱한 부리를 가진 아이에게 매일 넓적한 접시에 음식을 담아 두고서 먹으라고 한다면? 또한 여우처럼 짧고 넓은 혀를 가진 아이에게 기다란 두루미병에 담아 둔 음식을 먹으라고 한다면? 십중팔구 아이들은 먹는 것에 흥미를 잃고 말 것이다.

3

아이들의 마음은 어떻게 커 갈까?

3

아이들의 마음은 어떻게 커 갈까?

고대 그리스에 나르시스라는 목동이 살았다. 그는 자신에게 반한 요정들의 구애를 묵살했고, 화가 난 요정은 복수의 여신에게 나르시스가 처음 보는 사람과 사랑에 빠지고 그 사랑이 깨지게 해 달라고 하였다. 어느 날 목이 마른 나르시스는 물을 마시려다 연못에 비친 자신의 얼굴에 반해 연못에 빠져 죽었고, 그 자리에 수선화가 피어났다.

어린아이를 안고 거울 앞에서 거울 속 아기를 손짓으로 가리켜도, 아기는 나르시스처럼 그 아기가 자기인 줄 모른다. 자신과 공생체인 양육자의 든든한 지지를 바탕으로 아기들은 타인의 존재에 관심을 갖게 되고, 자기에 대한 개념을 형성하게 된다.

가이 로즈의 'The Green Mirror'

아이들은 부모가 '너는 이런 아이야.'라고 비춰 주는 거울 속의 모습을 통해 자신을 평가한다. 부정적인 모습으로 비춰 주면 자신을 하찮은 존재로, 긍정적인 모습으로 비춰 주면 자신을 소중한 존재로 인식하게 된다. 어린아이에게 부모가 비춰 주는 거울 속의 모습이 중요하듯이 거울 속에 비춰지는 모습은 성인이 되어서도 중요한 의미를 갖는다.

면경자아와 거짓자아

언제 어디서나 항상 자기 속에 잠들어 있는 또 한 사
람의 자기에 대하여 눈을 뜨라.

– www.bulilam.com –

어린 아기들은 어머니 품에 안겨 거울을 보면서도 거울 속의
아기가 자기인 줄을 모른다. 모르면서도 마치 아는 양 거울 속
의 아기를 쳐다보고 웃는다. 어린 아기들이 자기를 인식할 수
있는지를 살펴보는 실험 가운데 '루주테스트'라는 것이 있다. 아
기의 코끝에 루주를 묻혀 놓고 거울을 보여 준 후 아이의 반응을
살펴보는 실험이다. 코끝에 루주를 묻혀 놓고 거울을 비춰 주어
도 어린 아기들은 자기 코끝에 루주가 묻어 있다고 생각하지 못
하고 누나의 이름을 부르는 등 다양한 반응을 보인다. 그러나
18개월경이 되면 대부분의 아기는 거울 속의 아기가 자기라는
사실을 인식하게 된다. 자기인 줄 알기 때문에 아기들은 일단
자기 코를 만지고 코끝에서 루주를 닦아 내려는 반응을 보인다.

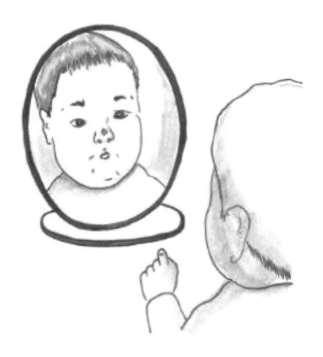

코끝에 루주를 묻혀 놓고 거울을 비춰 주어도 어린 아기들은 거울 속 아기가 자기
인 줄을 모르고 자기 코끝에 루주가 묻어 있다고 생각하지 못한다. 거울 속 아기가
자기라는 인식이 생기기 시작하면서 아기들은 자기에 대한 개념을 보다 구체적으
로 발전시켜 나가게 된다.

그리고 '왜 내 코에 이런 것이 묻었을까?' 하는 당황스러운 표정을 지어 보인다. 이러한 일련의 반응은 거울 속 아기가 자기라는 인식이 생겼기 때문에 가능한 것이다.

자기라는 인식의 형성과 더불어 어린아이들은 자기에게 중요한 의미가 있는 사람(주로 부모)이 어떻게 반응해 주는가에 따라 자기에 대한 가치를 부여하게 된다. 마치 거울 속에 비춰진 자기 모습을 바라보듯 부모가 '너는 이런 아이야.'라고 비춰 주는 모습을 통해 자기 자신을 평가하게 되는 것이다. 바로 면경자아(looking-glass self)의 개념이다. 그래서 부모가 자녀에게 '바보, 곰탱이' 등 부정적인 말을 하면 아이는 부모가 비춰 주는 거울의 모습대로 자신을 하찮은 존재로 인식하게 된다. 반면, 부모라는 거울이 자녀를 긍정적인 모습으로 비춰 주면 자녀도 자신을 소중한 존재로 인식하게 된다. 어느 동물보다도 의존 기간이 긴 인간의 아기에게 있어서 부모라는 거울이 비춰 주는 모습은 자기개념의 발달에 지대한 영향을 미친다.

자기개념을 형성해 나가는 과정에서 아이들은 여러 가지 전략 가운데 하나를 사용하게 된다. 어떤 아이들은 자신이 원하는 것과 부모가 원하는 것이 모두 중요한 의미가 있다고 생각하고 타협을 통해 이를 조정하려 한다. 또 어떤 아이들은 자신이 원하는 것이 부모가 원하는 것보다 더 의미가 있다고 생각하고, 자신이 원하는 바를 쟁취하기 위해 부모에게 저항하는 전략을 사용한다. 반면, 자신보다 부모가 원하는 것이 더 중요하다고 생각하는 아이들은 자신이 원하는 바를 포기하고 부모가 원하는 바대로 행동하려는 전략을 사용하게 된다. 이 가운데 어떤 대처 방법을 사용하는가는 부모의 태도에 좌우된다.

부모로부터 사랑받고 싶고, 인정받고 싶은 것은 어린아이들의 기본적인 욕구이다. 성격형성에서 대인관계의 중요성을 강조한 설리번(Sullivan)은 특히 유아들이 가지고 있는 인정받고 싶은 욕구에 주목하였다. 그는 인간의 행동은 불안으로부터 벗어나고 싶은 욕구에서 비롯되며, 유아기에 의미 있는 타자인 부모로부터 인정을 받는 것은 안정감 형성에 중요한 의미가 있다고 하였다. 만약 아이들의 인정받고 싶은 욕구를 부모가 제대로 충족시켜 주지 못하면 자녀는 자신이 원하는 사랑과 인정을 받기 위해 결과적으로 부모의 기대에 따를 수밖에 없다. 즉, 자신의 욕구보다 자신이 원하는 자극을 독점하고 있는 부모의 욕구에 더 관심을 갖게 된다. 그렇게 되면 아이들은 자신보다 부모가 원하는 것이 더 가치 있다고 생각하고, 자신이 원하는 것이 아니라 부모가 원하는 대로 행동하게 된다. 그 결과, 자기에 대한 잘못된 신념, 즉 거짓자아(false-belief self)가 발달하게 된다. 이러한 상호작용이 지속되면 아이들은 진정으로 자신이 원하는 바가 무엇인지를 알지 못하고, 타인이 원하는 것이 바로 자신이 원하는 것이라고 생각하게 된다.

흔히 우리는 아이들에게 "나중에 커서 뭐가 되고 싶니?"라는 질문을 하곤 한다. 그러면 아이들은 그 순간 머릿속에 떠오르는 대로 자신이 하고 싶은 여러 직업을 열거한다. 그런데 이러한 아이들의 대답에 "그런 건 해서 뭐하니?" 등과 같이 지속적으로 부정적인 반응을 보이면, 자녀는 인정을 받기 위해 일단 자신이 원하는 것을 접어 두고 부모가 원하는, 부모가 듣고 싶어 하는 대답을 하게 된다. 이러한 일이 반복되면 나중에는 진정으로 자신이 하고 싶은 것이 무엇인지를 자기 자신조차 모르는 일이 생긴다. 그래서 "나중에 커서 뭐가 되고 싶니?"라는 물음에 "모르겠어요."라는 대답을 할 수밖에 없다.

부모로부터 자기 자신이 인정받고 있다는 느낌은 내가 어떤 생각을 한다 하더라도 우리 부모는 변함없이 나를 사랑해 줄 것이라는 믿음을 아이들에게 부여해 준다. 인정받고 있다는 느낌을 통해 아이들은 편안하게 자기 자신의 욕구나 생각을 펼쳐 나갈 수 있고 이를 통해 건강한 자기개념도 발달시켜 나가게 된다.

🐦 알에서 나오는 새

일찍이 어느 누구도 완벽하게 그 자신이 된 적은 없었다. 그럼에도 불구하고 그들 나름으로는 그 자신이 되어 보기 위해 힘이 닿는 만큼 노력한다.

– 헤르만 헤세 –

헤르만 헤세는 자신의 저서 『데미안』에서 개인의 자아가 성장해 가는 과정을 새가 알껍질을 부수고 나오는 것에 비유하였다. "새는 알에서 나오려고 싸운다. 알은 곧 세계이다. 태어나려고 하는 자는 하나의 세계를 파괴하지 않으면 안 된다."라고. 하나의 독립된 개체로 성장해 나가고, 보다 큰 새로운 세계를 만나기 위해서는 누구에게나 기존의 틀을 부수고 나오는 고통이 뒤따르는 것이다.

우리나라는 상당히 우수한 양육문화를 가지고 있지만 아쉬운 부분도 있다. 자녀의 삶에 부모가 필요 이상으로 개입하고, 시중을 들어주는 것이 그 중 하나이다. 부모 자신이 그렇게 헌

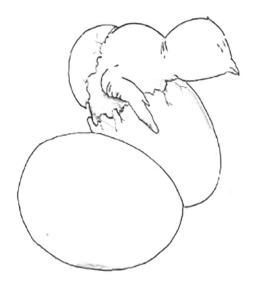

새는 알에서 나오려고 싸운다. 하나의 독립된 개체로 성장해 나가고, 보다 큰 새로운 세계를 만나기 위해서는 누구에게나 기존의 틀을 부수고 나오는 고통이 수반된다.

신적인 부모 밑에서 양육되어 왔기 때문에 자신이 보고 배운 대로 자녀에게 그대로 답습하는 것이다. 그렇게 하지 않으면 부모로서의 직무를 유기하는 것 같은 느낌이 들 정도로, 우리나라 부모들은 자녀의 인생에 관심 정도가 아니라 더 깊숙이 침투해 있는 경우가 많다. 그러다 보니 자녀가 알껍질을 부수려고 고군분투하는 모습이 안타까워 묵묵히 바라보고 기다릴 수가 없다. 그래서 대신 알껍질을 부수어 주려고 하는 경우가 많다.

헬리콥터 부모처럼 자녀 주위를 맴돌며 사사건건 자녀의 일에 개입하려 한다면 결국 자녀는 혼자 힘으로는 아무것도 할 수 없는 아이로 성장하게 될 것이다.

언젠가 한 방송인이 "자신이 알을 깨고 나오면 병아리가 되고, 남이 깨 주면 프라이가 된다."고 했던 말이 기억난다. 물론 웃자고 한 말이겠지만 너무나 공감이 되는 말이다. 그만큼 자신이 알껍질을 부수고 나오는 것과 남이 부숴 주는 것은 결과 면에서 엄청난 차이가 있다. 알껍질을 부수려고 안간힘을 쓰는 모습이 안타까워 부모가 대신 부숴 주면, 아이는 자신의 힘으로 새로운 세상을 만나는 경험을 할 수 없게 된다. 결국 아이는 자기보다 타인이 더 유능하고 옳다는 생각을 하게 될 것이고, 결과적으로 혼자 힘으로 무언가를 성취하려고 시도하기보다는 자기보다 유능하다고 생각되는 타인의 지시에 따라 움직이는 로봇 같은 아이로 성장하게 될 것이다.

인간처럼 의존기간이 긴 동물의 경우 어린아이들은 부모의 손길이 가지 않으면 생존 자체가 불가능하다. 갓 태어난 아기는 먹여 주고, 입혀 주고, 안아 주는 등 모든 것에서 부모의 도움을 필요로 하고, 부모가 이러한 역할을 하지 않는다면 이는 일종의 직무유기라고 볼 수 있다. 그러나 자신이 노력하면 혼자 힘으로 해낼 수 있는데도 부모가 대신 알껍질을 부수어 주려고 하거나 헬리콥터 부모처럼 자녀 주위를 맴돌며 사사건건 자녀의 일에 개입하려 한다면 결국 자녀는 혼자 힘으로는 아무것도 할 수 없는 아이로 성장하게 될 것이다. 부모의 개입 이면에는 다분히 자녀보다 인생을 더 오래 살아온 부모의 생각이 낫다는 심리가 있다. 그래서 부모는 "네가 알아서 잘하면 내가 왜 간섭하겠니?" "지금까지 엄마 말 들어서 손해 본 것 있니?"라고 말한다. 그만큼 자신의 개입이 자녀에게 도움이 된다고 생각한다. 결과적으로는 자녀에게 '네가 무능하니까 내가 개입하는 것이다.'라는 메시지를 보내고 있는 셈이다. 물론 부모의 의도는 자녀로 하여금 실수 없이 가능한 한 최단거리로 가는 편안한 삶을 살게 해 주고 싶은 것이다. 그러나 인간은 누구나 자기 혼자 힘으로 무언가를 이루고자 하는 욕구를 가지고 있고, 부모가 이를 계속 도와주면 아이들은 자신의 능력에 대한 회의로 가득 차게 된다. 이는 궁극적으로는 자율성의 발달을 저해하게 된다.

아이들은 자연스럽게 자율성을 발달시켜 나가고자 하는 욕구를 가지고 있고, 자율성의 욕구가 충족되었을 때 비로소 진정한 행복감을 느낀다. 돌이 지나 말문이 트이면서부터 아기들은 무슨 일이든 "내가!"라는 말을 많이 한다. 무엇이든 스스로의 힘으로 하고자 하는 자율성의 표현이다. 아이들은 누가 시키지 않아도 자기 스스로 혼자서 걸음마를 하려 하고, 밥을 먹으려 한다. 이 또한 자율성 발달의 욕구를 반영하는 것이다. 이러한 시점에서 흘리고 먹는 것이 성가셔 부모가 먹여 주게 되면, 자녀는 먹는 것에 흥미를 갖지 못하고 꺼적거리게 되고, 이후에도 부모가 먹여 주어야 하는 일이 생긴다. 자신이 혼자 힘으로 먹고자 하는데도 부모가 먹여 주고자 하니, 부모의 개입에 대한 저항의 표현이기도 하고, 시위 수단이기도 한 것이다.

아이들에게 자율성을 키워 줄 수 있는 가장 좋은 방법 가운데 하나는 어린 시절부터 일정한 범위 내에서 스스로 선택을 하게 하는 것이다. 예를 들어, 매일 아침 옷 입는 문제로 투정을 일삼는 자녀라면 "치마 입을래? 바지 입을래?" 등과 같은 대안을 제시하고, 본인이 선택하게 하는 것이 좋다. 이를 통해 자녀는 자신이 최종적으로 선택을 하였으니 부모가 자신의 권리를 침범하였다고 생각하지 않는다. 그러니 자신의 자율성을 지켜 나가기 위해 부모와 불필요한 실랑이를 벌일 필요가 없는 것이다.

또한 자녀가 혼자 할 수 있는 일을 대신해 주거나 즉각적으로 해결해 주기보다는 혼자 끙끙대면서 헤쳐 나가도록 생각해 볼 시간을 주고, 그러한 자녀의 노력을 존중해 주는 것도 자율성을 키우는 효율적인 방법이다. 예를 들어, 자녀가 병뚜껑을 열려고 하는데 잘 열리지 않는 상황에서 부모는 무심코 "이리 줘. 엄마가 열어 줄게!"라는 반응을 보이게 된다. 이러한 반응 대신 자녀에게 도움이 되는 정보를 제공해 주거나 자녀 스스로 해결하도록 유도해 주고 그 결과를 격려해 주는 것이 효율적인 방법이다. 자기 혼자 힘으로 자신의 일을 해결하고자 할 때 불필요한 개입을 하지 않고 스스로 해결하게끔 북돋아 주는 것이 바로 자율성 발달을 위한 지름길인 셈이다.

강가에 무덤을 만든 청개구리

자기 자신을 누를 수 있는 사람이 굳센 사람이다.

– 탈무드 –

'참을 인(忍) 자 셋이면 사람 목숨도 구한다.'는 옛말은 자기 자신을 조절하는 능력이 얼마나 중요한지를 강조하는 말이다. 일상생활 속에서 우리는 순간적으로 치밀어 오르는 화를 참지 못해서 여태까지 쌓아 올린 모든 것을 수포로 만들어 버리는 예를 심심찮게 접할 수 있다. 바로 자신의 감정을 조절하는 데 실패한 경우이다. 자기 힘으로 무언가를 해내고자 하는 자율성이 발달하면서 자신의 욕구나 감정을 스스로 조절하고 통제할 수 있는 능력도 더불어 발달해 나간다. 그리고 이러한 감정조절능력은 자기조절능력의 핵심이 된다.

그러면 감정조절능력은 어떻게 발달하는 것일까? 인간의 뇌가운데 감정과 관련된 기억들을 일차적으로 처리하는 곳은 변연계이다. 변연계 가운데 편도체는 임신 8개월부터 기능하기 시작하는데, 이곳에는 기억의 비언어적이고 감정적인 요소가 저장된다. 반면, 변연계 가운데 해마는 3~4세경에 발달하며, 이곳에는 기억의 구체적인 내용이 저장된다.

그런데 감정과 관련된 정보처리가 변연계에서만 이루어지는 것은 아니다. 변연계 외에 대뇌피질의 전두엽에서도 감정과 관련된 정보처리가 이루어진다. 대뇌피질의 전두엽은 변연계에서 전달된 감정적 정보를 수정하고 조절하는 역할을 한다. 따라서 우리가 경험한 트라우마에 대한 감정적인 기억 자체는 변연계에 저장되어 지워지지 않지만, 전두엽에서는 감정적인 기억에 대한 정보를 수정하거나 억제하는 메시지를 보냄으로써 트라우마로부터 회복을 돕는 기능을 한다.

그렇다고 해서 전두엽이 무조건 감정 정보를 수정하고 조절하는 기능을 수행하는 것은 아니다. 이러한 기능은 전두엽과 변연계의 연결이 원활하게 이루어질 때에만 가능하다. 그리고 전두엽과 변연계의 원활한 연결은 '좋은 환경'에서 활발하게 이루어진다고 한다. 여기서 '좋은 환경'이란 바로 자녀가 느끼는 감정에 대해 부모가 지지적이고 수용적인 태도를 보이는 것을 의미한다. 종종 부모들은 자녀가 느끼는 감정을 수용해 준다는 것의 의미를 잘못 받아들인다. 자녀가 느끼는 감정을 수용해 준다는 것은 아이들이 어떤 감정을 느끼든 그 감정 자체를 수용한다는 것이지, 아이가 느끼는 모든 감정을 행동으로 표현하는 것까지를 수용해 주어야 한다는 것은 아니다. 같이 놀아 주지 않는 친구가 미워서 때려 주고 싶다는 감정을 가질 수는 있지만 이러한 감정을 느낀다고 해서 이를 행동으로 옮기는 것은 별개의 문제이다. 자녀가 느끼는 감정을 부모가 수용해 줄 때에 전두엽과 변연계의 연결이 최적화되고, 연결이 최적화될 때에 아이들은 자신의 감정상태에 대해 보다 깊은 성찰이 가능해진다. 즉, 자신이 느끼는 감정을 말로 표현은 하되, 이를 직접 행동으로 옮기는 것을 조절하고 억제할 수 있는 능력이 생기게 된다. 감정을 조절한다는 것의 의미는 자신의 감정상태를 부정하는 것이 아니라, 그러한 감정을 사회적으로 용인되는 방식으로 표현하도록 억제할 수 있는 능력을 의미하는 것이다. '화가 나면 열을 세어라. 그래도 화가 나면 백을 세어라.'는 옛말도 감정조절전략의 하나라고 볼 수 있다.

그러나 대부분의 경우 부모들은 자녀가 느낀 부정적인 감정을 행동으로 옮기는 것은 물론이고 자녀가 부정적인 감정을 느끼는 것조차 억압하도록 가르친다. 특히 우리 문화에서 참을 '인(忍)' 자의 의미는 부정적인 감정을 참고 또 참아 무의식 속에 꼭 꼭 눌러 두는 억압의 의미로 쓰여 왔다. 지속적으로 부정적인 감정을 억압하다 보니, 아이들은 자신이 느끼는 감정도 잘 알지 못하게 된다. 얼굴이 시뻘겋게 달아올라 있으면서도 "너, 화났니?"라고 물어보면, "아니요!"라고 대답한다. 얼굴이 새파래져 있으면서도 "무서워?"라고 물어보면, "아니요!"라고 답한다. 화가 나고 두려운 자신의 감정상태조차도 부정하려 하는 것이다. 특히 여아보다 남아의 경우, '사내대장부가 그까짓 것 가지고.'라는 전통적인 성고정관념의 영향으로 이러한 현상이 더욱더 두드러지게 나타난다. 이처럼 감정 자체를 부인하는 것은 자신이 화가 나고 두렵다는 감정상태 자체는 인정하지만, 의식적으로 이러한 감정을 조절하고 억제하려 노력하는 것과는 분명 차이가 있다.

숫아오르는 감정을 꾹꾹 눌러 억압해 두면 이 감정이 더 이상 누를 수 없는 한계점에 도달했을 때 주체하지 못하고 폭발하게 된다. 자녀가 느끼는 감정이나 행동을 억압하기 위해 부모가 자녀에게 보이는 일반적인 태도는 "그런 말 하면 못 써!" 혹은 "다시 한 번 그러면 엄마, 아빠한테 혼난다!"라는 반응이다. 그러나 이 같은 부모의 태도는 반항심을 유발하며, 자녀로 하여금 무의식 수준에서 통제력을 되찾으려는 행동을 유발하게 한다. 부모가 자녀의 감정과 행동을 통제하려 하면 할수록 오히려 자녀에 대한 통제력은 힘을 잃게 되고, 자녀는 반항적이 된다. 그래서 자녀는 의도적으로 잊어버리거나 자기 마음대로 행동하거나 부모의 지시와는 반대로 행동한다. 우리에게 널리 알려진 강가에 엄마 무덤을 만든 청개구리 이야기는 부모 말을 안 듣는, 부모가 말한 것과는 반대로만 행동하는 어떤 이상한 청개구리에 관한 이야기가 아니다. 지시하고 통제하려 하면 할수록 엇박자를 놓고 싶은 인간의 본성을 반영한 이야기라고 볼 수 있다.

또한 아이들은 부모를 통해 감정조절방법을 배운다. 화가 나는 상황에서 부모가 어떻게 감정을 조절하는지, 부모가 보여 주는 모델을 통해 감정조절방법을 배운다. 그런데 평소 화나는 감정을 참고 또 참아 꾹꾹 눌러 쌓아 두는 것에 익숙한 부모일수록 갑자기 걷잡을 수 없이 치밀어 오르는 화를 폭발시키는 모습을 자주 보이게 된다. 자녀를 위한 희생정신으로 무장된 부모들일수록 그러한 모습을 더욱더 많이 보인다. 자녀의 모든 일을 시중들어 주다 보니 힘에 부쳐 걸핏하면 짜증을 낼 수밖에 없다. 그리고 나이에 걸맞지 않은 자녀의 의존적인 행동에 화가 치밀어 올라 그것이 '낙타 등에 얹은 마지막 지푸라기'가 되어 폭발하고 만다.

우리에게 널리 알려진 강가에 엄마 무덤을 만든 청개구리 이야기는 부모가 말한 것과 반대로만 행동하는 어떤 이상한 청개구리에 관한 이야기가 아니다. 지시하고 통제하려 하면 할수록 엇박자를 놓고 싶은 인간의 본성을 반영한 이야기라고 볼 수 있다.

어떤 감정이든 느껴지는 감정 자체가 문제라고 볼 수는 없다. 그러나 자신이 느끼는 감정상태 자체를 부정하고 억압하게 되면 이러한 감정은 언젠가는 폭발할 위험성을 갖게 된다. 아이들도 마찬가지이다. 자신이 느끼는 감정을 일단 인정하게 되면, 이를 자유롭게 탐색하고 조절하는 것이 가능해지고, 사회적으로 용인되는 범위 내에서 표현할 수 있게 된다.

🌿 반응할 수 있는 능력, 책임감

나는 좋은 사람보다 온전한 사람이 되고 싶다.

- 칼 융 -

책임감을 의미하는 'responsibility'라는 영어단어는 'response (반응)'라는 단어와 'ability(능력)'라는 단어가 합쳐진 것이다. 말 그대로 책임감은 '반응할 수 있는 능력'이라는 의미를 가지고 있다. 즉, 자기 스스로의 의지에 따라 반응할 수 있는 능력이 바로 책임감의 핵심이다. 그런 의미에서 본다면 책임감은 자율성의 발달과 밀접한 관련이 있는 능력이다.

흔히 부모들은 자녀를 자기 스스로 생각하고, 자기 의지대로 반응하는 아이로 키우기보다 부모의 지시를 잘 따르는 순종적인 아이로 키우고 싶어 한다. "학교 가서 선생님 말씀 잘 듣고." 라는 말은 우리나라 부모들이 아이들을 학교에 보내면서 가장 많이 하는 표현 가운데 하나이다. 집에서는 엄마, 아빠의 말을 잘 듣고, 학교에서는 선생님의 말을 잘 듣는 순종적이고 모범적인 아이로 키우고 싶어 하는 부모의 열망을 반영하는 말이다. 그렇다고 부모나 교사의 말을 잘 안 듣는 아이로 키우는 것이 바람직하다는 것은 아니다. 중요한 것은 자신의 생각과 의지이고, 이에 따라 반응하는 능력이다.

반응하는 능력이 박탈된 아이들은 자기 의사를 표현하는 일에 서툴다. 그래서 내키지 않는 일도 부모가 시키는 대로 억지로 하고, 자신이 하고 싶은 일이 있어도 하고 싶다는 표현을 하지 못한다. 그래서 바깥으로 드러나는 행동은 얼핏 보면 순종적이다. 그러나 자신의 의지가 아니라 부모의 의지에 따라 행동한 것이다 보니 마음속에는 반항심리가 팽배해 있을 수밖에 없고, 그러니 행동의 결과는 불 보듯 뻔하다. 그 결과에 대해 자신이 책임을 지려 하지 않는 것도 당연한 귀결이다. 자신이 원해서 자발적으로 한 일이 아니고 부모가 시켜서 억지로 한 것이니 모든 것을 부모가 책임져야 한다고 생각한다. 부모가 책임질 일이니 최선을 다하지 않을 수밖에 없고, 심지어는 억지로 시킨 부모에 대한 반항심리 때문에 더욱더 잘못된 결과를 만들어 내고야마는 수동공격성으로 발전되기도 한다.

수동공격성이 나타나는 아이들은 어떤 일을 하도록 지시했을 때 거절하지는 않는다. 그러나 그 일을 해 나가는 과정에서 직접적인 방식으로 공격성을 행사하지는 않으나 간접적인 방식으로 공격적인 행동을 보인다. 부모가 공부 열심히 해서 좋은 성적을 얻기를 원하니, 책상에 앉아서 공부를 하기는 한다. 열심히 하는 척도 한다. 그러나 정말로 열심히 하지는 않고, 이런저런 핑계로 속을 썩인다. 그러니 결과도 좋을 수가 없다. 이들은 좋지 않은 결과에 대해 "내가 안 하는 것이 아니라, 해도 안 되는 것을 어쩌냐?"고 항변한다. 자신의 의지와는 무관하게 부모를 위해, 부모 뜻대로 해 준 공부이니 그 결과도 부모가 책임져야 한다고 생각하기 때문이다. 부모도 마찬가지이다. 자녀의 일인데도 부모 뜻대로 모든 일을 주도했으니 부모가 책임져야 한다고 생각한다. 그래서 잘못된 결과에 대해 자신이 잘못 지도한 것이라고 생각하며, 내가 부족해서 아이를 잘못 키웠다고 자책한다.

부모가 사용하는 벌의 방법은 이러한 부모의 태도를 잘 보여 준다. 벌은 잘못된 행동이 나타나는 것을 차단하기 위해 불쾌한 자극을 제공하는 것으로, 부모들이 보편적으로 사용하고 있는 방법이다. 대부분의 부모는 자녀가 이미 행동결과를 통해 자신의 행동이 잘못되었음을 진심으로 뉘우치고 있을 때에도 벌을 준다. 벌의 종류도 부모가 정한다. 자녀는 겨우 몇 대 맞을 것인지, 매의 양을 정할 수 있을 뿐이다. 자녀가 자신의 잘못을 반성하고 있는데도 불구하고 자녀 행동의 잘잘못을 다시 부모가 판단하고 벌을 준다는 것은 그 책임을 부모가 진다는 것을 의미한다. 결과적으로 자녀의 행동에 대한 결정권과 책임을 박탈한다는 의미를 내포하고 있다.

어떻게 하면 아이들에게 책임감을 길러 줄 수 있을까? 바로 자신의 행동에 대한 결정권을 자신이 갖도록 하는 것이다. '자연적 결과'의 방법은 아이가 자신의 행동에 대한 결정권을 가지도록 함으로써 책임감을 키워 줄 수 있는 방법 가운데 하나이다. 자연적 결과는 말 그대로 아이들로 하여금 시간이 경과하면서 자연스럽게 자신의 행동으로 인한 부정적인 결과를 경험하게 하는 방법이다. 예를 들어, 아이가 밥을 먹지 않겠다고 하면, 장황한 설교를 늘어놓거나 "한 숟갈만 더 먹자." "밥 안 먹으면 놀이공원도 안 데려 간다." 등의 회유책 또는 위협적인 발언을 하지 않고, 그대로 자녀의 의견을 받아들이는 것이다. 그러면 자녀는 시간이 흐름에 따라 배고픔이라는 자연적 결과를 경험하게 될 것이다. 또한 더운 날씨에 외투를 입고 가겠다고 고집을 부리는 아이는 시간이 경과하면서 자연스럽게 더워서 땀을 흘리는 자연적 결과를 경험하게 될 것이다.

자연적 결과의 방법은 자연 상황에서 시간의 흐름에 따라 아동 자신이 부정적인 행동의 결과를 경험함으로써 스스로 배우는 방법이다. 자신이 선택한 행동이니 그 행동에 대한 책임도 자신이 질 수밖에 없다. 아이들이 자연적 결과의 방법을 통해 자신의 행동에 대한 책임감을 자연스럽게 습득할 수 있는 상황은 우리 주변에 무궁무진하게 펼쳐져 있다. 그러나 대부분의 부모들은 자녀가 자연적 결과를 경험하도록 내버려 두지 않는다. 자녀가 경험해야 할 자연적 결과를 사전에 차단해 버림으로써 자녀로 하여금 자신의 행동에 책임을 질 기회를 박탈해 버린다. 자연적 결과의 방법을 사용하는 과정에서 중요한 점은 "거 봐, 배고프지?" "덥지? 내가 뭐라 그랬니?" 등과 같은 불필요한 언급을 하지 않는 것이다. 이러한 부모의 언급은 그 자체가 자녀의 잘못된 행동에 대해 부모가 관심을 보이는 것이 되고, 결과적으로 잘못된 행동을 관심끌기의 수단으로 사용할 가능성이 높아진다. 또한 자녀보다 부모의 판단이 낫다는 생각을 은연중에 전달함으로써 자녀의 반항심을 부추기게 되어 자연적 결과로부터 배우고자 하는 마음을 송두리째 없애 버리기 때문이다.

✿ 대인관계의 출발점, 기본적 신뢰감

> 우리는 힘과 자신감을 찾아 항상 바깥으로 눈을 돌
> 리지만, 자신감은 내면에서 나온다. 자신감은 항상
> 그곳에 있다.
>
> – 안나 프로이트 –

특별한 문제가 없는 한 태내환경은 항상 일정한 온도가 유지
되고, 소음이 적절하게 차단되며, 영양공급이 잘 이루어지는 쾌
적한 환경이다. 이렇게 쾌적한 환경에서 생활하다가 어느 날 갑
자기 좁은 산도를 통해 이 세상으로 나오는 아이들에게 있어서
출생경험은 일종의 폭력에 가까울 것이다. 공급되는 산소량이
갑자기 줄어들고, 지금까지와는 전혀 다른 새로운 방식으로 호
흡을 해야 하는 상황이 얼마나 충격적일지는 미루어 짐작할 수
있다.

출산과정뿐 아니라 처음으로 접하는 외부 세계도 아이들에
게는 모든 것이 미지의 세계이고 두려움의 대상일 것이다. 그러

나 얼마 지나지 않아 아이들은 이러한 미지의 세계에서 누군가 자신에게 관심을 가지고 헌신적으로 돌보아 주고 있다는 사실을 알게 된다. 바로 자신의 울음에 반응해 주는 양육자의 존재를 통해서이다. 배는 고픈데 달리 표현할 방법이 없어 울어 보았더니 누군가가 먹여 주었고, 어떤 때는 울지도 않았는데 어떻게 알고 미리 먹여 주기까지 한다. 그 뿐이겠는가? 대소변이라도 보게 되어 어찌할 바를 몰라 울고 있으면 누군가 새 기저귀로 갈아 주고, 말끔하게 씻어 주기까지 한다. 또 젖을 먹으면서 들리는 심장박동 소리는 어머니 뱃속에서부터 들어 왔던 익숙한 소리이다. 이러한 경험들은 아기들로 하여금 자신이 발을 내디딘 새로운 세계가 낯설고 두려운 곳이 아니라 상당히 우호적인 곳이고 이곳에 있는 사람들도 상당히 신뢰할 만한 사람들이라는 생각을 갖게 해 준다.

아기의 울음에 대한 어머니의 민감한 반응은 어린아이로 하여금 자신을 가치 있는 존재로 인식하게 해 주고, 이에 반응해 주는 타인의 존재에 대해 관심을 갖게 해 준다. 이러한 관심은 주변 사람들에게 신뢰감을 형성하게 하고, 이후 사회적 관계를 형성하는 기초가 된다. 그래서 에릭슨(Erikson)은 이를 '기본적 신뢰감'이라는 용어로 설명하였다.

반면, 양육자가 아기의 욕구에 민감하게 반응해 주지 않으면 아기는 불신감을 형성하게 될 것이다. 아이들의 발달에서 어느 정도의 불신감은 불가피하지만, 이후의 사회적 관계를 확장해 나가는 데에는 불신감보다 신뢰감을 더 많이 경험하는 것이 필요하다. 누군가 나에게 관심을 가지고 있고 나의 욕구를 충족시켜 줄 것이라는 신뢰감이 있기 때문에 아이들은 자신의 욕구를 표현하는 것이다. 그리고 자기 자신에 대해 안전감을 느낄 수 있어야 비로소 아이들은 타인에게 관심을 보이는 것이 가능해진다.

인간은 동물과 여러 가지 점에서 차이를 보인다. 그 가운데 대표적인 것이 타인에 대한 배려, 약자에 대한 배려이다. 동물의 세계에는 오로지 약육강식의 법칙만이 존재한다. 힘이 센 것이 약한 것을 지배한다. 그러나 인간의 세계에는 이러한 약육강식의 법칙만 존재하는 것은 아니다. 자기보다 어렵고 힘든 사람을 보면 나누고, 돕고, 배려하고자 하는 마음도 존재한다. 어린 시절 자신이 받았던 관심과 배려를 자신의 자녀에게, 이 세상의 약자에게 다시 환원시키는 것이다. 인간보다 힘이 센 동물은 많지만 이러한 능력들 때문에 인간이 만물의 영장으로 군림하는 것이 아니겠는가!

흔히들 '많이 울면 나중에 커서 노래를 잘 부른다.'고 한다. 아이들의 울음에 일일이 반응할 필요가 없고, 또 반응하지 않는 것이 오히려 바람직하다는 의미를 담고 있는 말이다. 관심끌기의 수단으로 울음을 사용하는 아이에게는 적절한 조언일 것이다. 관심을 끌기 위해 울었는데 울음에 지속적으로 반응을 보이면 우는 행동을 강화시켜 결국에는 울보로 만들어 버리는 결과를 초래하게 될 것이다. 그러나 정말로 무언가를 절실히 필요로 하는 상황에서, 울음 외에 뾰족한 표현수단이 없는 어린 아기의 울음에 반응해 주지 않으면 어떻게 될까? 양육자의 따뜻한 반응을 기대하기 어려운, 심리적인 환경이 열악한 탁아소에서 자란 아이들에 대한 스피츠(Spitz) 박사의 연구는 중요한 통찰을 제시해 준다. 여러 가지 시설이 아무리 잘 구비되었다 하더라도 양육자의 손길이 절대적으로 부족한 탁아소에서 성장하는 아이들보다 비록 시설은 열악하더라도 양육자의 손길이 충분한 환경에서 아이들이 더 잘 자라는 이유는 바로 울음에 반응해 주는 양육자가 있었기 때문이다.

어린아이들이 자신의 욕구를 울음으로 표현하는 것은, 울음에 반응해 주는 사람이 있다는 것, 자신의 욕구에 귀 기울여 주는 사람이 있다는 것을 의미한다. 울음에 지속적으로 반응을 보이지 않으면 아이들은 더 이상 울지 않고 무감각한 표정을 보인다. 울어도 소용이 없다는 체념을 배우게 된다. 나아가 타인의 욕구에도 귀 기울일 수 없게 된다.

먹어 본 사람이 음식 맛도 안다고 했듯이, 아이들이 타인과의 관계를 형성하고 이러한 관계를 확장시켜 나갈 수 있는 것은 어린 시절 자신의 욕구에 공감해 주고 반응해 주었던 양육자가 있었기 때문이다. 어린 시절 자신이 받았던 사랑이 바탕이 되어 자기 자신을 사랑할 수 있는 사람으로 성장하고, 또 그 사랑을 다른 사람에게도 맛보게 해 줄 수 있는 것이다.

🎐 페리 프로젝트의 교훈

바람이 불지 않을 때 바람개비를 돌리는 방법은, 내
가 앞으로 달려 나가는 것이다.

– 데일 카네기 –

페리 프로젝트는 미국 디트로이트 시 외곽의 페리 프리스쿨
에 다니는 불우한 환경의 3~5세 흑인 어린이 120명을 대상으로
진행한 교육실험이다. 이 가운데 60명의 아이들에게는 비인지
적 교육인 성실성, 집중도, 사교성 등을 강화시키는 교육을 2년
간 실시하였고, 나머지 60명의 아이들에게는 기존의 교육을 그
대로 받게 하였다.

헤크먼(Heckman) 교수는 40년간 이들의 성장 과정을 추적한
결과, 비인지적 교육을 강화한 아이들이 사회적으로 훨씬 성취
도가 높았고, 범죄율이 낮았으며, 소득수준도 높고, 안정적인 가
정을 꾸리는 경향을 보였다고 했다. 그는 지능이 변하지 않더라
도 성실하게 집중하는 습관이 길러지면 학업성취도가 상당히

높아진다고 했다. 흑인들의 성취도가 상대적으로 낮은 것은 지능이 낮아서라기보다 성실성 등을 계발할 기회를 갖지 못했기 때문이며, 이러한 비인지적 교육에 투자하는 데 따른 경제적 효과는 연 7~10%의 수익률을 내는 펀드에 투자하는 것에 비유할 수 있다고 하였다. 이러한 연구결과는 인지적 교육의 효과를 높이기 위해서는 비인지적 교육, 즉 마음교육이 기초가 되어야 함을 말해 주는 것이다.

부모들은 자식이 공부를 잘하면 밥을 안 먹어도 배가 부르다고 한다. 특히 우리나라 부모들은 무엇보다도 자녀가 공부를 잘하기를 바란다. 그래서 자녀의 학업, 인지발달을 위해 절대적으로 많은 시간과 비용 그리고 에너지를 투자한다. 그리고 인지발달과 무관한 다른 영역에는 관심을 두지도 않거니와 투자도 하지 않는다. 그런데 중요한 사실은 아이들의 인지발달은 신체발달, 사회정서발달과 밀접하게 연관되어 있어서, 마음이 편하지 않으면 인지적 능력을 충분히 발휘하지 못한다는 사실이다. 불안수준이 높은 아이들은 정서적으로 몰입이 어렵고, 몰입이 되지 않으니 능력을 제대로 발휘하지 못하는 것은 당연한 결과이다.

개인의 인지적 능력을 측정하는 것으로 알려져 있는 지능검사조차도 단순히 인지적 능력뿐 아니라 비인지적 능력을 반영하고 있고, 동시에 비인지적 능력의 중요한 예측치가 되기도 한다. 예를 들어, 어떤 아이가 지능검사의 하위요인 가운데 '수세기' 영역에서 지나치게 낮은 점수를 받았다고 가정해 보자. 수세기는 불안수준과 상관이 있는 영역이어서, 불안수준이 높은 아이들은 수세기에서 높은 점수를 받기가 어려울 수도 있다.

또한 어떤 아이가 지능검사의 하위요인 가운데 다른 영역과는 달리 유난히 '상식' 영역에서 높은 점수를 받았다고 가정해 보자. 상식에서 지나치게 높은 점수를 받았다는 사실은 아이가 또래와 함께 놀이를 하면서 지내는 시간보다 혼자 책을 읽으면서 보내는 시간이 상대적으로 많다는 것을 의미할 수도 있다. 이 아이는 또래보다 해박한 지식을 가지고 있기 때문에 다른 사람들로부터 관심을 받게 될 것이고, 지속적으로 관심을 받기 위해 더 많은 시간을 책을 보면서 보내게 될 것이다. 반면, 또래와의 관계형성이나 놀이를 위해서는 상대적으로 적은 시간을 보내게 될 것이며, 결과적으로 이후 사회성발달의 문제를 초래할 가능성이 있다.

또한 아무리 인지적 능력이 뛰어난 아이라 하더라도 무언가를 이루고자 하는 동기유발이 없이는 이를 달성하기가 어렵다.

이룰 수 있는 능력 자체보다도 오히려 이루고자 하는 마음이 더 큰 영향을 미친다. '억(億)'이라는 글자는 사람 '인(人)' 변에 뜻 '의(意)' 자가 합쳐져 만들어진 글자이다. 즉, 사람이 마음을 먹으면 모을 수 있는 액수의 돈이라는 것이다. 이 글자가 만들어졌을 당시, '억'이라는 금액은 지금과는 비교할 수 없을 정도로 어마어마한 액수였을 것이다. 그런데 이것이 사람의 마음에 달려 있다고 한 것이다. 하물며 인간이 하는 다른 행동은 말할 것도 없다. 바로 성취하고자 하는 동기가 그 원동력이 된다. 어떤 목표이든 달성하는 과정에는 어려움이 있게 마련이다. 어떤 경우에는 너무 힘들어 중간에 포기하고 싶은 충동도 많이 느끼게 된다. 마지막 숨이 턱밑까지 차오르는 상황에서 이러한 난관을 뚫고 헤쳐 나갈 수 있는 힘은 바로 그 일을 해내고야 말겠다는 동기에 좌우된다.

'말을 물가로 끌고 갈 수는 있어도 물을 먹일 수는 없다.'는 말이 있다. 힘들게 말을 물가로 데려가도 말이 물을 안 먹는다면 못 먹이는 것이다. 분명히 최종 목표는 말을 물가로 데려가는 것이 아니다. 물을 먹이는 것이다. 물을 안 먹을 것이라면 애당초 실랑이를 벌이면서 물가로 데려갈 필요도 없는 것이다. 말이 그러하거늘 하물며 사람은 말할 것도 없다. 억지로 떠먹여 주는 밥은 넘기기도 쉽지 않듯이 자신이 하고자 하는 마음 없이는 비록 능력이 있다 하더라도 무언가를 성취하기 어렵다. 결국 마음의 힘이 뒷받침되지 않고서는 인지적 능력도 힘을 발휘하지 못하는 것이다.

최근 세계 여러 나라에서 아이들의 마음교육, 사회정서교육을 위한 프로그램을 유치원에서부터 정규 교육과정의 일부로 도입하고 있는 것도 이러한 이유이다. 지금까지는 교육이나 양육의 초점을 학업능력, 인지능력을 향상시키는 데 맞추었지만 그에 못지않은 사회정서능력의 중요성을 깨달은 것이다. 그리고 이러한 능력을 지속적으로 향상시켜 줄 수 있는 가장 효율적인 장소는 바로 가정이며, 가정 내에서 부모와의 상호작용을 통해서일 것이다.

4

아이들의 생각은 어떻게 커 갈까?

4

아이들의 생각은 어떻게 커 갈까?

아이들의 생각은 어떻게 커 갈까? 피아제는 자신의 세 자녀의 성장과정을 토대로 아이들의 생각이 커 나가는 보편적 단계를 제시하였다. 아이들의 사고능력은 타고난 것이지만, 성장과정에서 나타나는 질적으로 상이한 발달단계를 제시하였다.

그런가 하면, 아르키메데스는 목욕탕에서 욕조의 물이 넘치는 것을 보고 순간, 비중의 개념을 깨달았다. 그리고 "유레카!"라고 외쳤다. 또한 케쿨레는 19세기 화학계의 최대 난제였던 벤젠의 육각형구조를 뱀이 꼬리를 물고 빙빙 돌고 있는 꿈을 꾼 뒤에 해결할 수 있었다는 일화가 전해지고 있다. 깊은 몰입을 통해 불현듯 깨달은 통찰의 산물이다.

오귀스트 로댕의 '생각하는 사람'

자연스럽게 몰입할 수 있는 여건만 마련되면 아이들은 생각에 날개를 달게 된다. 아이들의 생각을 확장시켜 주기 위해 부모가 해 줄 수 있는 것은 무언가를 가르치려고 하기보다는 타고난 왕성한 호기심을 자극해 줄 수 있는 자연스러운 몰입의 장을 마련해 주는 것이다. 많은 기념비적인 발견은 깊은 몰입을 통해 불현듯 깨닫게 된 통찰의 산물이다.

🌸 생각의 출발점, 감각경험

> 모든 사람이 며칠간만이라도 눈멀고 귀가 들리지
> 않는 경험을 한다면 그들은 자신이 가진 것을 축복
> 할 것이다.
>
> — 헬렌 켈러 —

갓 태어난 아이에게 아무것도 보여 주지 않고, 소리도 들려주지 않고, 냄새나 맛이나 촉각 자극을 차단해 버린다면 생각은 커나갈 수가 없다. 아이들이 보고, 듣고, 맛으로, 냄새로, 촉감으로 접해 보는 모든 감각경험은 생각이 커 나가는 원동력이 된다. 오관을 통해 받아들인 감각자극을 경험하고 몸짓으로 옮긴 것이 인지발달의 중요한 동력이 되기 때문에 피아제(Piaget)는 출생 이후 첫 단계인 영아기를 감각운동기라고 명명하였다.

성인이 되어서도 생각의 발상이나 전환에 있어서 감각경험의 중요성은 감소하지 않는다. 교육을 통해 습득한 이론적 지식이 반드시 생각을 키워 주는 것은 아니다. 이론적 지식에 생명을 불어넣어 실생활로 연결되고 발전되기 위해서는 감각운동경험이 필수적이다. 몸으로 부딪히면서 체험하고 느낀 감각운동 경험이 바탕이 되지 않으면 이론적 지식은 단지 이론에 불과한, 죽은 지식에 불과하다. 특히 새로운 생각의 발상에 있어서 감각 운동경험이 갖는 중요성은 절대적이다.

다양한 감각경험 가운데 사람은 시각경험을 통해 가장 많은 정보를 얻게 된다. 시각은 출생 시 가장 발달이 덜 된 감각이다. 출생 직후 영아의 가시거리는 대략 12인치 정도에 불과하다. 명 암의 대비가 뚜렷하거나 흑백으로 대조를 이루어 윤곽이 뚜렷한 사물은 좀 더 멀리 15인치 정도까지도 볼 수 있으나 그렇지 못한 사물은 가시거리가 더 짧다. 그리고 그조차도 흐릿한 우윳 빛 유리를 통해 보는 것처럼 선명하지 않다. 성장하면서 점차 수평으로 움직이는 물체, 수직으로 움직이는 물체를 볼 수 있고, 정지해 있는 사물보다 움직이는 사물에 더 관심을 보인다. 어린 아이들에게 보다 풍부한 감각경험을 제공해 주는 방법은 바로 이러한 시각적 특성을 고려하는 것이다. 명암의 대비가 뚜렷한 장난감이나 유아용품을 선택하는 것이 도움이 된다. 또한 정지 해 있는 것보다 움직여 주거나 수평이나 수직으로 흔들어 주는 것도 도움이 된다.

청각경험도 마찬가지이다. 1개월경이면 '바' 음과 '파' 음을 구분할 수 있을 정도로 청각은 시각에 비해 빠르게 발달이 이루어진다. 출생 이전의 아이들은 저음의 소리를 더 잘 듣기 때문에 아버지의 목소리를 더 잘 듣는다. 그러나 출생 이후에는 태내에 있을 때와는 달리 고음의 소리를 더 잘 듣는다. 그래서 아버지보다 어머니의 목소리를 더 잘 듣는다. 그런 의미에서 본다면 아기에게 말을 할 때에 무의식적으로 어머니가 평상시보다 더 높은 소리로 말하는 것은 보다 풍부한 청각경험을 제공해 주는 효과적인 방편인 셈이다.

보고 듣는 것 외에도 아이들은 맛으로, 냄새로, 촉감으로 사물을 느껴 보는 다양한 감각경험을 하게 된다. 특히 어린아이들은 입과 혀를 통해 풍부한 감각경험을 하게 된다. 그래서 아이들은 무엇이든 입으로 가져가는 습성이 있다. 입으로 사물을 탐색하려 하면 부모들은 기겁을 하며 "지지!"라고 하고 입에 넣지 못하도록 하지만 입과 혀는 가장 예민한 감각기관으로, 아이들은 이를 통해 가장 많은 정보를 수집할 수 있다.

설리번이 보지도 듣지도 못하는 헬렌을 가르친 방법은 바로 촉각경험을 이용한 것이었다. 설리번은 헬렌에게 '물'이라는 단어를 가르치면서 펌프질을 하여 헬렌의 손바닥에 물을 받아 촉

점자를 개발한 헬렌 켈러와 그녀의 스승 설리번. 설리번이 헬렌에게 가장 먼저 가르친 것은 '물'이라는 단어이다. 설리번은 펌프질을 하여 헬렌의 손바닥에 물을 받아 촉감으로 물을 느껴 보게 하였다. 그래서 헬렌 켈러는 자신은 눈과 귀가 아니라 촉감과 냄새를 통해 보고 듣는다고 하였다.

감으로 물을 느껴 보게 하였다. 그리고 'w, a, t, e, r'이라는 철자를 헬렌의 손바닥에 써 줌으로써 이러한 느낌을 갖게 하는 물체의 이름, 철자를 촉각을 통해 가르쳐 준 것이다. 그래서 헬렌 켈러는 자신은 눈과 귀가 아니라 촉감과 냄새를 통해 보고 듣는다고 하였다. 우리의 감각기관은 한 기관에 문제가 생기면 다른 감각기관이 더욱 민감해져 손상된 감각기관을 보완할 수 있을 정도로 발달한다. 눈과 귀가 수행하지 못하는 기능을 촉감과 냄새로 보완해 나간 것이다. 헬렌 켈러가 점자를 발명한 것도 바로 촉각경험을 이용한 학습방법이 토대가 되었을 것이다.

아이들의 생각이 커 나가는 데 가장 중요한 요소는 보고, 듣고, 만져 보는 등 감각자극을 충분히 접하는 것이다. 그리고 이러한 감각경험을 몸이 기억하도록 몸짓으로 표현하는 것이다. 몸의 근육에 기억된 모든 움직임, 몸으로 받아들인 감각기능이 곧바로 사고로 직결되어 생각의 기본적 단위인 도식을 발전시켜 나가고, 생각의 폭을 넓혀 나갈 수 있다.

생각의 동력, 뇌의 성장급등

지나침은 미치지 못함과 같다.

– 공자 –

빠른 속도로 이루어지는 뇌의 성장도 아이들의 생각이 커 나가는 데 지대한 영향을 미친다. 특히 출생 이후 두 돌까지의 영아기는 일생에서 가장 빠른 속도로 뇌의 발달이 이루어지는 시기이다. 뇌의 무게가 증가하고, 대뇌피질이 발달하며, 신경계가 빠른 속도로 발달한다. 출생 시 뇌의 무게는 성인의 1/4에 불과하지만 두 돌 무렵에는 3/4에 달할 정도로 빠른 속도로 발달이 이루어진다. 출생 시 거의 발달이 이루어지지 않은 대뇌피질이 발달하고 세분화되며, 각 부분 간의 연결도 활발해진다. 또한 뉴런의 크기가 증가하고 연결이 보다 복잡해진다. 그래서 영아기를 뇌의 성장급등기라고 부른다.

두 돌까지의 시기에 이처럼 빠른 속도로 이루어지는 뇌의 발달은 아이들의 생각이 커 나가는 데 지대한 공헌을 한다. 그리

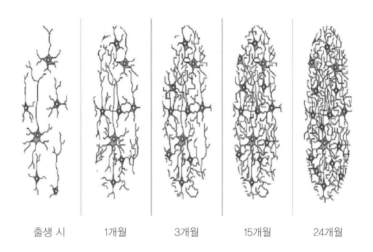

| 출생 시 | 1개월 | 3개월 | 15개월 | 24개월 |

출생 직후의 신생아와 1개월, 3개월, 15개월, 24개월 영아의 뉴런의 연결 상태. 연령이 증가하면서 뉴런의 연결이 복잡해진다(사진 출처: http://slideplayer.com).

고 뇌의 빠른 성장에는 여러 환경 요인이 영향을 미치게 된다. 충분한 수면과 영양 등 물리적 환경뿐 아니라 부모와의 상호작용과 같은 심리적 환경이 영향을 미친다. 이 시기에 높은 비율을 차지하는 렘(rapid eye movement: REM)수면은 뇌의 발달에 지대한 영향을 미친다. 렘수면은 안구의 빠른 움직임이 나타나는 것이 특징인, 깨어 있는 것에 가까운 얕은 수면상태를 의미하는 것으로, 어린아이들의 경우 성인에 비해 렘수면이 상당히 높은 비율을 차지하며 성장할수록 점차 감소한다. 렘수면 상태는 어린아이들의 뇌기능의 향상과 관련이 있는 것으로 알려져 있다.

또한 영양이 풍부한 환경에서 성장한 영아와 결핍된 환경에서 성장한 영아는 뇌의 무게나 대뇌피질, 신경계의 발달에서 큰 차이를 보인다. 최근 어린아이들이 섭취하는 식품에 많은 관심이 쏠리고 있는 것도 바로 그 때문이다. 특히 아침식사는 뇌 기능을 활성화시키는 데 중요한 역할을 한다. 아침식사를 챙겨 먹는 것 못지않게 어떤 식품을 섭취하는가도 중요한 문제이다. 뇌세포의 에너지원은 탄수화물 대사의 핵심 물질인 포도당이다. 포도당을 통해 뇌신경세포들의 연결이 활발하게 이루어지며, 포도당 공급에 문제가 생기면 뇌신경세포는 죽게 된다. 그러나 뇌신경세포는 포도당을 저장할 수 없기 때문에 혈액 속 포도당을 뇌로 운반하여 사용할 수밖에 없다. 이 과정에서 백설탕이나 흰쌀밥 등에 포함되어 있는 단순탄수화물은 섭취 직후 혈당치를 급상승시키므로 우리 몸에서는 추가적으로 인슐린을 분비함으로써 당을 저장해 버린다. 즉, 뇌세포의 에너지원인 포도당이 뇌로 이동할 시간도 없이 저장되어 버리기 때문에 뇌에서 사용할 에너지원이 고갈되는 상태가 발생한다.

반면, 잡곡이나 채소 등에 많이 함유되어 있는 복합탄수화물은 혈액 속으로 포도당을 천천히 배출시킴으로써 혈당수치를 균형 있게 유지하게 해 준다. 따라서 뇌세포에 에너지원을 지속적으로 공급해 주어서 뇌를 최적의 상태로 만들어 주며, 결과적으로 사고나 기억력도 최적의 상태로 만들어 준다. 아침식사를 거르지 않고 먹여야 하고, 또 뇌기능에 도움을 주는 식품을 중심으로 식습관을 길러 주어야 하는 이유이다.

영양뿐 아니라 심리적 환경이 미치는 영향도 지대하다. 양육자의 적절한 반응과 이를 통해 제공되는 감각자극은 아이들의 뇌발달을 촉진시킨다. 그러나 중요한 것은 단순히 풍부한 자극을 제공해 주는 것이 아니다. 자극은 영아의 뇌발달에 필수적이지만 지나치게 많은 자극이 빠른 속도로 제시될 경우 영아의 뇌기능은 일시적으로 중단된다. 지나치게 많은 자극이 한꺼번에 제시되면, 영아는 자신에게 제시된 자극의 의미를 해석하는 데 혼란을 느끼게 된다. 그래서 일단 자극을 차단하고자 하는 반응을 보일 수밖에 없다.

예를 들어, 텔레비전을 켜 놓은 상태에서 어린 영아와 상호작용하는 상황을 생각해 보자. 일반적으로 낮은 수준의 자극은 영아의 민감성을 증가시키지만 높은 수준의 자극이 제시될 경우 이는 영아의 처리 용량을 초과하게 된다. 텔레비전 소리와 양육자가 내는 소리가 뒤섞여 혼란을 일으켜 영아들은 부모가 전달하고자 하는 내용을 제대로 받아들이기가 어렵다. 그러한 경우 아이들은 일단은 양육자와의 상호작용을 외면하게 된다. 그리고 혼자만의 생각에 잠겨 있거나 울음으로 자신의 혼란스러운 상태를 표현하게 된다. 따라서 어린 아기와 상호작용할 때에는 아기가 받아들일 수 있는 용량을 초과하지 않는 범위 내에서 적절한 속도로 자극을 제시해 주고 조율해 주는 것이 필요하다.

네 살짜리 아이도 두 살짜리 동생에게 이야기할 때는 또래집단에게 이야기할 때보다 천천히 그리고 또박또박 말한다. 그렇게 말하라고 배운 적은 없지만 어린 동생의 반응 속도에 귀 기울인 결과 자연스럽게 터득한 사실이다. 어린아이들의 성장에는 감각자극이 필수적이다. 그러나 수용 한도를 초과하는 지나치게 많은 자극이 주어지면 부족한 것만 못한 결과를 초래하게 된다. '지나침은 미치지 못함과 같다.'는 과유불급(過猶不及)의 의미를 되새겨 보게 한다. 이미 알고 있는 옛날이야기나 동화책을 들려주고 또 들려주어도, 읽어 주고 또 읽어 주어도 아이들이 지루하게 생각하지 않는 이유이기도 하다.

🌿 생각의 확장, 호기심과 몰입

주위의 모든 잡념, 방해물을 차단하고 원하는 어느
한 곳에 자신의 모든 정신을 집중하는 몰입 상태에
서의 느낌은 물 흐르는 것처럼 편안한 느낌, 하늘을
날아가는 자유로운 느낌이다.

– 칙센트미하이 –

수업시간이 끝나는 종이 울리고 학생들이 다 나가 버린 빈 강
의실에서 시간이 끝난 줄도 모르고 혼자 물리학이론을 설명하
고 있었던 뉴턴의 이야기는 몰입의 진수를 보여 주는 일화이다.
사과가 떨어지는 모습을 보고 만유인력의 법칙을 정립할 수 있
었던 것도 바로 이러한 능력이 바탕이 된 것이 아닐까 싶다. 수
없이 많은 사람들이 나무에서 떨어지는 사과를 보았지만 그들
의 눈에는 그냥 사과가 떨어진 것일 뿐이었다. 수없이 많은 사
람들이 욕조에 들어가면서 흘러넘치는 물을 보았지만, 그 물은
그저 흘러넘치는 물이었을 뿐이었다.

뭇사람들은 그냥 사과가 떨어졌을 뿐이고 물이 흘러넘쳤을 뿐인 것으로 지나쳐 버린 평범한 사실에서 어떻게 뉴턴은 만유인력의 법칙을, 아르키메데스는 아르키메데스의 원리를 유추해 낼 수 있었을까? 아마도 남들보다 예리한 관찰능력 때문이었을 것이다. 그러면 그 예리한 관찰의 힘은 도대체 어디에서 비롯된 것일까? 바로 무아지경의 '몰입(flow)'의 힘이라고 볼 수 있다. 관심을 가지고 있는 대상을 단순히 관찰하는 것이 아니라 대상 속으로 들어가 대상과 혼연일체가 되는 '물아일체(物我一體)'의 경지에 들어가 있었기 때문이다.

많은 사람이 생각의 틀을 넓혀 나가는 데 있어서 몰입의 효과를 강조하였다. 특히 칙센트미하이는 새로운 생각의 발상에서 호기심을 가지고 몰입하는 것의 중요성을 강조하였다. 유아기에 접어들면 아이들은 주변의 사물에 대해 왕성한 호기심을 보인다. 아이들은 본능적으로 학습에 대한 자연적 욕구를 가지고 태어나며, 호기심을 통해 이를 충족시켜 나간다. 누가 시키지 않아도 본능적으로 타고난 호기심으로 주변의 사물을 탐색하고 터득해 나간다. 텔레비전에 사람이 나오면, 사람이 텔레비전 어디엔가 숨어 있다고 생각하여 이리저리 들여다보고, 움직이는 추가 달려 있는 시계를 보면 움직이지 못하도록 붙잡아 보기도 하며, 전화기에서 들려오는 사람의 목소리가 신기하여 아무 번호나 눌러 보기도 하면서 하루 종일을 바쁘게 보낸다. 이 시기의 아이들을 '작은 에디슨'이라 부르는 것도 바로 이러한 이유이다. 그러니까 아이들은 선천적으로 몰입을 위한 기본적인 소양을 갖추고 있는 셈이다.

유아들은 모든 물질은 살아 있다고 생각하는 물활론적인 사고의 특징을 가지고 있다. 물활론적인 사고를 가지고 있는 유아들의 입장에서는 자신과 대상이 혼연일체가 되는 경험이 더욱더 용이하다. 동화 속에서처럼 유아는 무생물인 사물과도 친구가 되어 소통하기 때문에 더욱더 몰입이 용이해진다. 유아기에 시작되는 역할놀이에서도 아이들은 단순히 자신이 엄마 역할, 아빠 역할을 맡은 것이 아니라 자신이 엄마이고 아빠인 양 몰입이 되어 놀이를 한다. 다양한 역할 속에 몰입해 보는 경험을 통해 아이들이 가지고 있는 본능적인 호기심의 욕구도 충족시켜 나가고, 생각도 확장되어 나가는 것이다.

다이너마이트의 발명가인 스웨덴의 알프레드 노벨의 유언에 따라 매년 인류 문명의 발달에 학문적으로 지대한 공헌을 한 사람에게 주어지는 노벨상은 대중에게 널리 알려진 상이다. 그런데 우리에게 널리 알려진 노벨상과는 달리 노벨상을 패러디하여 만들어진 이그노벨상(Ig Nobel Prize)이라는 것이 있다. 미국의 유머과학잡지인 『기발한 연구 연감(Annals of Improbable Research)』에 의해 1991년 제정되어 현재 하버드 대학교 내 여러 과학단체가 후원하는 이 상은 실제 논문으로 발표된 과학적인 업적 가운데 재미있거나 엉뚱한 점이 있는 연구에 수여하는 상이다. 틀에 박힌 고정관념이나 일상적 사고로는 생각하기 어려운 기발한 발상이나 이색적인 업적에 수여하는 이그노벨상은 매년 가을 노벨상 수상자가 발표되기 1~2주 전에 시상식을 갖는다. 독특하고 상상력 넘치는 아이디어를 치하하고 과학에 대한 사람들의 관심을 증진시키는 것이 이그노벨상의 근본적인 취지이지만 그 이면에는 엉뚱한 생각이나 우연이 대단한 발명이나 발견으로 이어진다는 생각을 전제로 하고 있다.

역사적으로도 엉뚱한 생각이나 우연이 뜻밖의 발명이나 발견으로 이어진 경우가 적지 않다. 노벨상의 제창자인 알프레드 노벨이 다이너마이트를 발명한 것이나 플레밍이 푸른곰팡이에서 페니실린을 발견한 것도 마찬가지이다. 그런데 이러한 발명이나 발견이 소가 뒷걸음질하다가 우연히 맞닥뜨린 뜻밖의 성과는 아닐 것이다. 무언가를 탐구하고자 하는 끊임없는 호기심의 산물이고 몰입의 산물일 것이다.

    왕성한 호기심으로 인해 어린아이들은 특별하게 정해진 놀이방식이 없는 단순한 놀잇감을 가지고도 무언가를 탐색하고 발견해 나간다. 그래서 똑같은 놀이를 어제도 하고 오늘도 반복해서 하면서도 지루하게 생각하지 않는다. 특별하게 정해진 놀이 방식이 없는 비구조화된 놀이는 더욱더 어린아이의 호기심과 상상력에 불을 붙여 준다. 그래서 몰입이 이루어지고, 예리한 관찰이 가능해지며, 이것이 바로 사고로 발전되는 것이다.

    초등학교 3학년경이 되면 자연스러운 호기심은 퇴색하기 시작한다. 그래서 유아기에 비구조화된 놀이 경험을 충분히 제공해 주는 것이 필요하다. 타고난 호기심을 자극해 주고 자연스럽게 몰입할 수 있는 여건만 마련되면 아이들은 생각에 날개를 달게 되는 것이다. 몰입은 충분한 시간을 필요로 한다. 그런데 안타깝게도 현대인들의 생활은 지나치게 틀에 박혀 있고, 바쁘게 돌아간다. 그래서 '빨리, 빨리'라는 말이 습관처럼 입에 붙어 있다. 너무나 바쁜 부모들은 어린 자녀가 한가롭게 놀이에 몰입할 수 있도록 시간을 할애해 줄 만한 여유가 없다. 무언가 자녀와 함께 탐색해 보고, 자녀의 탐구심을 장려하고, 스스로 해답을 찾아보도록 격려하기보다는 즉각적으로 해답을 찾을 수 있는 구조화된 놀이를 선호한다.

아이들의 생각을 확장시켜 주기 위해 부모가 해 줄 수 있는 것은 무언가를 가르치려 하기보다는 타고난 왕성한 호기심을 자극해 줄 수 있는 자연스러운 몰입의 장을 마련해 주는 것이다. 그러면, 그 속에서 아이들은 혼자 힘으로 복잡한 현상에 내재해 있는 규칙성을 발견해 나가고, 새로운 생각도 발전시켜 나갈 수 있는 것이다.

🐾 힌두의 계산방법

삶은 새로운 것을 받아들일 때에만 발전한다. 삶은
신선해야 하고, 결코 아는 자가 되지 말고 언제까지
나 배우는 자가 되어라.

– 오쇼 라즈니쉬 –

이 세상을 살아가면서 아이들이 획득하는 지식의 종류는 다
양하기 그지없고 그 수 또한 수없이 많다. 이처럼 많은 지식을
피아제(Piaget)는 물리적 지식과 사회관습적 지식, 논리수학적 지
식의 세 가지 종류로 구분하였다. 물리적 지식은 색깔이나 모양
등과 같이 관찰을 통해 알 수 있는 사물의 물리적 속성을 의미한
다. 공은 둥글고, 나뭇잎은 초록색을 띠고 있는 것과 같은, 눈에
보이는 사물의 속성을 말한다. 사회관습적 지식은 아는 사람을
만나면 인사를 나누고, 불행한 일을 당한 사람에게 위로의 말을
건네는 것과 같은 사회적으로 통념화된 관습적인 지식을 의미
하는 것으로, 이는 대부분 부모나 교사의 가르침을 통해 배우게

된다. 논리수학적 지식은 단순히 물리적·사회관습적 지식만으로는 해결될 수 없는 스스로 탐구를 통해 대상 간의 관계를 찾아내는 지식이다. 우리가 알고 있는 수많은 지식은 자기 스스로 터득해 나가야 하는 논리수학적 지식의 범주에 속한다고 볼 수 있다.

이러한 기준에서 보면 수학적 사고는 분명 논리수학적 지식의 범주에 속한다. 어린 영아들도 양에 대한 민감한 감각과 적은 양을 수량화하는 능력을 가지고 있다. 18~24개월경이면 3~4개 정도의 적은 양일 경우 수량의 같음과 많음, 적음의 관계를 인식하는 능력을 가지고 있다. 이같이 수량에 대한 타고난 능력을 바탕으로 아이들은 점차 주변 환경과의 상호작용을 통해 스스로 수학적 사고방법을 습득해 나가게 된다. 일상생활 속에서 부모가 자녀에게 "과자 하나 더 줄까?" "빵 하나 더 줄까?" 등의 말을 하면, 아이들은 '하나'라는 공통적인 단어를 통해 이것이 사물을 지칭하는 것이 아니고 개수를 나타내는 것임을 스스로 터득해 나가게 된다. 이처럼 아이들은 스스로 능동적으로 수학적 개념을 구성해 나갈 수 있다.

그러나 실생활이나 교육현장에서 수학적 지식은 마치 일정한 틀이 있고 규칙이 정해져 있는 사회관습적 지식처럼 가르쳐

진다. 올림이 있는 세 자릿수 덧셈문제를 풀이하는 과정을 부모와 교사는 마치 사회관습적 지식을 가르치듯 아이들에게 가르쳐 주곤 한다. 마치 가르쳐 주는 그 방식 이외에는 올림이 있는 숫자의 덧셈문제를 풀이하는 다른 방식은 존재하지 않는 것처럼, '일' 자리의 수의 합이 '십'을 넘으면 윗자리로 올리는 방식으로, 아랫자리 수에서 시작하여 윗자리 수로 올림을 하도록 가르쳐 준다. 물론, 이러한 방법은 올림이 있는 세 자릿수 덧셈을 가장 빠른 시간 내에 할 수 있는 방법인 것만은 분명하다. 그러나 이처럼 수학을 사회관습적 지식인 것처럼 일정한 방식으로 풀어 나가도록 가르침으로써 아이들은 자신이 스스로 생각하는 것을 포기하게 되고, 결과적으로 수에 대한 개념을 발달시켜 나가는 데 어려움을 느끼게 된다. 누군가 가르쳐 주지 않으면, 처음으로 접하는 새로운 문제는 혼자 힘으로 해결해 나갈 수 없는 아이로 성장하게 된다.

이와는 달리 힌두의 계산법은 아이들이 일정한 계산규칙을 배우지 않아도 나름대로 계산절차를 생각해 낼 수 있음을 보여 준다. 즉, 올림이 있는 세 자릿수 덧셈을 우리가 일반적으로 사용하고 있는 계산방법과는 반대로 먼저 '백' 자리에서 시작하며, 다음으로 '십' 자리, 마지막으로 '일' 자리의 순으로 계산을 한다.

이러한 계산법은 굳이 일정한 방식으로 가르치지 않아도 올림이 있는 덧셈문제를 푸는 것이 가능하다는 사고의 예를 보여 주는 것이다. 인도에서 최초로 '0'의 개념을 사용한 것이나 아라비아 숫자 체계를 사용한 것도 이러한 사고방식과 무관하지 않다.

그렇다면 부모나 교사의 도움은 불필요한 것인가? 반드시 그런 것은 아니다. 비고츠키(Vygotsky)는 아이들이 적극적으로 탐

힌두의 계산방법(278+356)

	6	63
5	52	524
278	278	278
356	356	356

〈규칙〉

1. 200과 300을 더하여 5를 100의 자리에 기록하고, 200과 300을 지운다.
2. 70과 50을 더하여 120을 기록하고 70과 50을 지운다. 이미 100의 자리에 있는 5를 지우고 6으로 바꾼다.
3. 8과 6을 더하여 14를 기록하고, 8과 6을 지운다. 이미 10의 자리에 있는 2를 지우고 3으로 바꾼다.

올림이 있는 세 자릿수 덧셈을 우리가 일반적으로 사용하고 있는 계산방법과 달리 역의 방향으로 계산하는 힌두의 계산법은 아이들이 일정한 계산규칙을 배우지 않아도 나름대로 계산절차를 생각해 낼 수 있다는 사고의 예를 보여 준다.

색해 나가는 능력을 가지고 있으나 주변 인물의 도움을 통해 보다 효율적으로 탐색해 나갈 수 있다고 하였다. 즉, 아이들의 수준에 맞게 설명해 주고 탐색을 촉진시켜 주는 도움을 주는 존재로서 부모나 교사의 역할을 과소평가하지 않았다. 그러나 도움을 주되 처음에는 즉각적이고 직접적인 도움이 필요하지만, 점차 자녀가 과제에 익숙해지면 부모는 도움을 줄여 나감으로써 자녀 스스로 과제를 주도해 나가도록 하는 것이 필요하며, 이러한 부모의 역할을 비계에 비유하여 설명하였다. 비계는 건설현장 등에서 사용되는 가설 발판이나 임시 시설물을 의미한다. 건물이 완성되어 굳이 비계의 필요성을 느끼지 못하면 철거되듯이 부모의 도움도 자녀가 필요로 하는 시점에서는 제공되는 것이 바람직하지만 이후 어느 정도 숙달되어 혼자 힘으로 가능한 시점에서는 제거되어야 한다는 것이다.

어린아이들은 민감한 부모나 교사, 형제, 자기보다 능력이 뛰어난 또래 등 주변인물의 도움으로 주위의 사물을 보다 폭넓고 깊이 있게 이해할 수 있다. 그러나 어느 정도 수준에 도달하면 도움을 주는 것 못지않게 도움을 줄여 나가고, 지적 자율성을 강조하는 것이 중요하다는 사실을 기억할 필요가 있다.

🌿 조기교육과 적기교육

> 교사들은 종이 주인에게 시중을 드는 것처럼 오직
> 일의 진행을 도울 수 있을 뿐이다.
>
> – 마리아 몬테소리 –

'Ende gut, alles gut'이라는 독일 속담은 '끝이 좋으면 모든 것이 좋다.'는 것을 의미한다. '초년 고생은 사서라도 한다.'라는 우리 속담 역시 표현은 달라도 의미는 유사하다. 문화는 달라도 공통적으로 너무 이른 시기에 많은 것을 성취하는 것을 경계하는 말이다. '대기만성(大器晩成)'이라는 사자성어나 인생에서 피해야 할 것 가운데 하나가 '소년등과(少年登科)'라는 최근 회자되고 있는 말도 모두 시대는 달라도 지나치게 이른 나이에 성공하는 것을 경계하는 말이다.

인생이라는 긴 여정을 운동경기에 비유하자면 마라톤에 비유할 수 있을 것이다. 마라톤은 42.195킬로미터라는 긴 거리를 완주하는 데 의미를 두고 있고, 장거리 경주에서는 체력 안배가 가장 중요하다. 초반에 앞서기 위해 체력을 소진하는 것은 그다지 효율적인 방법이 아니다. 그래서 처음부터 앞서 나가기보다는 선두그룹을 유지하면서 마지막 질주를 위해 체력을 비축해 둔다. 100세시대의 인생살이도 이와 마찬가지일 것이다. 일단 뒤처지면 이를 만회할 만한 시간적 여유가 없는 단거리 경주와는 분명 차이가 있다. 누가 빨리 출발하는가의 문제보다 더 중요한 것은 누가 더 오래 질주를 할 수 있는 에너지를 가지고 있는가가 더 중요한 문제이다.

최근 유행처럼 번지고 있는 선행학습은 생각을 키워 나가는 데 있어서 조기교육이 효과적이라는 사실을 전제로 하고 있다. 더 빨리 출발할수록 앞서 나갈 수 있고 유리하다고 생각한다. 자녀양육의 최종목표, 종착역을 대학입시, 취업이라고 생각하기 때문에 자녀가 다른 아이들보다 처지면 만회할 기회가 없을 것 같아 불안해하고, 더 빨리 출발하기 위해 조기교육에 열을 올린다. 이러한 분위기에서 성장하면서 자녀들은 명문대학에 입학하면 모든 것이 보장될 것이라는 엄청난 기대를 가지고 대학생활을 시작한다. 부모들이 20년 가까이 해 왔던 말은 뭐든지 대학에 들어가면 하라는 말이었고, 그렇게 힘들게 대학에 들어가기만 하면, 대학 졸업장만 있으면 미래를 보장해 줄 것이라 생각한 것이다. 그런데 많은 학생이 꿈꾸고 기대해 왔던 대학은 그들의 엄청난 기대를 충족시켜 주지 못한다. 그래서 대학에 들어와서는 전혀 공부를 하지 않거나, 학교생활에 흥미를 잃고 방황하면서 대학생활을 마감해 버리는 경우가 허다하다. 공부가 아니더라도 자신이 하고 싶은 일을 찾아서 열정적으로 에너지를 쏟아야 하는데 그러지 못한다. 너무 일찍 에너지를 소진해 버린 것이다.

피아제(Piaget)는 인지발달의 단계를 구분하면서 유아기를 조작능력을 습득하기 이전의 시기라는 의미에서 전조작기(pre-operational stage)라고 명명하였다. 이름 그대로 유아들은 어디까지나 전개념적이고 직관적인 사고의 특성을 보인다. 전개념적 사고란 유아가 아직 시간개념과 공간개념을 터득하지 못했음을 일컫는 것이며, 직관적 사고란 유아가 크기, 모양, 색깔과 같은 한 가지 두드러진 지각적인 특징에 근거하여 대상을 이해하려 하는 것을 의미한다. 동일한 양의 우유 두 병을 크기와 모양이 동일한 두 개의 컵에 따른 후 두 컵에 담긴 우유 양이 같은지를 물어보면, 유아는 "같다."고 대답한다. 그러나 모양이 다른 두 개의 컵에 우유를 옮겨 부은 후 두 컵에 담긴 우유 양이 같은지를 물어보면, 유아는 높이나 넓이의 차원을 중심으로 한쪽이 더 많

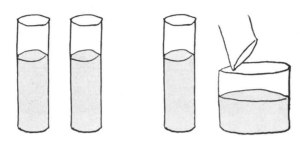

200밀리리터 우유 두 병을 크기와 모양이 동일한 두 개의 컵(왼쪽)에 따른 후 두 컵에 담긴 우유 양이 같은지를 물어보면, 유아는 "같다."고 대답한다. 그러나 모양이 다른 두 개의 컵(오른쪽)에 우유를 옮겨 부은 후 두 컵에 담긴 우유 양이 같은지를 물어보면, 유아는 제대로 대답하지 못한다.

다고 대답하거나 같다고 대답하더라도 그 이유를 제대로 대답하지 못한다.

조기교육이 기승을 부리고 있고, 앞다투어 선행학습을 하고 있는 우리나라 유아교육의 현실에 비추어 본다면, 우리나라의 유아들은 피아제가 말한 전조작기의 특성을 일찌감치 탈피했어야 마땅할 것이다. 그런데 피아제가 말한 전조작기의 특성을 그대로 보여 주고 있다. 눈에 보이는 사물의 두드러진 특징에 따라 직관적으로 판단한다. 이러한 사실은 아이들의 발달단계를 넘어서는 선행학습은 한계가 있음을 말해 주는 것이기도 하다.

그렇다고 해서 교육에서 시기가 중요하지 않다는 것은 아니다. 로렌츠(Lorenz)는 출생 직후 거위가 노출된 대상을 따라다니

로렌츠에게 각인이 된 거위들이 로렌츠의 뒤를 따라가고 있다(출처: www.nobel.
or.kr).

는 각인현상을 근거로 '결정적 시기'라는 개념을 주장하였다. 조
류와 포유류는 부화할 때 처음으로 본 움직이는 물체를 따르고
그 물체에 애착을 형성하는 습성이 있다. 이를 각인이라고 하
며, 대부분의 경우 그 대상은 어미가 된다. 각인을 통해 어린 새
끼들은 자신을 길러 주는 어미와 애착을 형성하여 자신의 생존
가능성을 높여 나가게 된다. 거위가 로렌츠 박사에게 각인이 되
는 것처럼 짧은 기간의 결정적 시기는 아니라 하더라도 인간의
발달에서도 다소 기간에서 융통성을 보이는 민감기라는 것이
존재한다. 몬테소리(Montessori)도 발달의 여러 영역에서 특별히
중요한 의미를 갖는, 그래서 그 시기를 놓치면 발달에서 결손을

보일 수밖에 없는 민감기가 존재한다고 하였다. 걷기의 민감기, 양손 사용의 민감기, 언어발달의 민감기 등과 같이 그 시기에 걸음마를 위한 자극, 양손 사용을 위한 자극, 언어발달을 위한 자극이 제공되지 않으면 발달에 결손을 보인다는 것이다. 이 같은 민감기의 개념은 적어도 조기교육은 아닐지라도 적기교육의 중요성은 고려해야 함을 말해 주는 것이기도 하다.

5

아이들이 받고 싶은 선물은?

5

아이들이 받고 싶은 선물은?

아이의 그림에는 좋고 싫은 감정이 그대로 드러난다. 좋아하는 사람은 크고 자세하게 그리고, 싫어하는 사람은 작게 세부묘사를 생략한 채 대충 그린다. 그래서 똑같은 산타의 모습도 크리스마스가 가까워지면 어느 때보다 크고 꼼꼼하게 그려 놓곤 한다. 산타로부터 받고 싶은 선물이 보다 간절해졌기 때문이다.

크리스마스가 되면 누구나 받고 싶은 선물이 있다. 어느 누구도 이 선물을 가져다줄 수 없지만, 만약 그것이 가능하다면 풀검(Fulghum)은 지나간 자신의 어린 시절을 되돌려 받고 싶다고 하였다. 지나간 어린 시절을 통해 그가 받고 싶었던 것은 무엇이었을까?

윌리엄 부게로의 '어린 시절'

크리스마스가 되면 어린아이들이 산타에게 기대했던 것처럼 사람에게는 누구나 받고 싶은 선물이 있다. 그리고 혹자는 자신의 지나간 '어린 시절'을 되돌려 받고 싶다고 한다. '어린 시절'이라는 선물 꾸러미 속에서 그가 받고 싶었던 것은 무엇이었을까?

엄마 손은 약손

어떤 때에는 껴안아 주는 것이 우리가 필요로 하는
전부일 수 있다.

– freehugscampaign.org –

　우리나라 사람들은 대부분 어린 시절 배가 아팠을 때 엄마가
"엄마 손은 약손, 아가 배는 똥배, 꾀배, 물배!"라고 하며 배를 어
루만져 주던 기억을 가지고 있다. 그리고 그렇게 만져 주면 정말
로 아픈 배가 나았던 것 같은 기억도 가지고 있다. 왜 그랬을까?

　한국동란 때 참전했던 외국인 병사가 전쟁이 끝나고 한참이
지난 후 우리나라를 찾았다. 그런데 그 참전용사는 생각과는 달
리 너무나 건강하게 잘 살고 있는 한국인들의 모습을 보고 깜짝
놀랐다고 한다. 한국동란 당시의 참상에 비추어 보건대 그는 한
국인들이 폐허 상태를 미처 재건하지도 못한 채 상당히 피폐한
생활을 하고 있을 것이라고 생각하였던 것이다. 어떻게 이렇게
잘 살 수 있었던 것일까? 의아해했던 참전용사는 그 답을 시장

한국동란에 참전한 후 한참 만에 우리나라를 찾은 한 외국인 병사가 생각과는 달리 너무나 건강하게 잘 살고 있는 한국인들의 모습을 보고 깜짝 놀랐다고 한다. 그리고 그 답을 시장터에서 어머니 등에 업혀 곤히 잠자고 있는 어린아이의 모습에서 발견했다고 한다.

터에서 어머니 등에 업혀 곤히 잠든 어린아이의 모습에서 발견했다고 한다.

아이는 어머니 등에 업혀 있고, 어머니는 쪼그리고 앉아서 일을 하고 있으니 얼마나 불편했을까? 그런데도 아이는 엄마 등에 업혀 편안하게 잠을 자고 있었다. 비록 자세는 불편해도 어머니의 따뜻한 온기와 촉감이 아이를 편안하게 잠들게 해 준 것이다. 이것이 바로 신체접촉의 힘이다. 기저귀를 갈아 주면서도 엉덩이를 토닥거려 주고 다리를 쭉쭉 눌러 주는 이 모든 행동이 촉각의 만족을 극대화시켜 아이들을 편안하게 해 준다. 특히 우리나라는 '포대기'를 애용하는 것에서 나타나듯이 몸과 몸이 밀착되는 신체접촉을 중시하는 뛰어난 양육문화를 가지고 있다.

사람은 안아 주거나 만져 주지만, 동물은 어미가 혀로 핥아 준다. 어미가 혀로 핥아 준 새끼들은 엄마가 어루만져 준 아이들처럼 잘 자란다. 그리고 어미로부터 분리되어 있어도 혀로 핥아 주는 것과 유사하게 붓으로 어루만져 준 새끼들은 마찬가지로 잘 자란다. 반면, 그렇지 못한 새끼들은 잘 자라지도 못하고 사망률도 높다.

할로우(Harlow)의 '철사어미' '헝겊어미' 실험은 새끼 원숭이가 성장하는 데 신체접촉이 얼마나 지대한 영향을 미치는지를 잘 보여 준다. 그는 철사와 헝겊으로 각각 원숭이 어미 모형을 만들어 놓고, 철사로 만든 어미에게는 젖병을 매달아 놓았다. 그리고 새끼 원숭이들이 보이는 반응을 살펴보았다. 새끼 원숭이들은 배가 고프면 철사어미에게 다가가 젖병을 빨았지만 그렇지 않은 대부분의 시간을 헝겊어미와 함께 보냈다. 그리고 괴상하게 생긴 공포감을 주는 물체를 집어넣었더니 겁에 질린 새끼 원숭이들은 철사어미가 아닌 헝겊어미에게 매달려 위안을 얻었다. 원숭이에게 젖을 먹여 주는 구강적 만족 못지않게 신체접촉을 통한 만족감, 편안함이 필요했던 것이다.

가능한 한 많은 시간을 아이와 몸과 몸이 맞닿는 신체접촉을 하는 것은 부모가 어린 자녀에게 줄 수 있는 가장 큰 선물 가운데 하나이다. 모유수유를 권장하는 이유 가운데 하나도 모유가 영양학적으로 우수하고 질병에 대한 면역력을 향상시켜 준다는 이점도 있지만 그뿐만이 아니다. 신체접촉을 극대화시킬 수 있기 때문이다. 모유수유를 하게 되면 아이는 어머니와 몸이 밀착되고 고사리 같은 손으로 어머니의 젖가슴을 더듬으면서 편안하게 젖을 먹는다. 그리고 어머니는 젖을 빠는 아이의 이마에 흐르는 땀도 닦아 주고, 얼굴도 만져 주면서 젖을 먹인다. 신체접촉이 극대화되는 것이다. 신체접촉이 많은 아이는 정서적으로 안정감을 가지며, 신체발달도 양호하다. 베이비 마사지의 기본원리도 바로 신체접촉의 효과를 강조하는 것이다. 신체접촉이 부족한 경우 어린아이들은 근육이 딱딱해져 결국에는 사망에 이를 수도 있다. 이처럼 신체접촉은 어린아이들에게 있어서는 생존과 직결된 일차적인 욕구인 것이다.

체중이 1kg도 채 안 되는 조산아로 태어난 쌍둥이 자매인 '카이리'와 '브리엘'의 이야기는 어린아이들의 성장에서 신체접촉이 얼마나 중요한지를 잘 보여 준다. 출생 직후 동생 브리엘의 건강상태가 위태로운 상황에서 브리엘을 돌보던 간호사 게일은 브리엘이 아픈 몸으로 무언가 간절히 원하고 있다고 느꼈고, 언니 카이리를 동생과 함께 인큐베이터에 있게 해 주자고 제안하였다. 당시의 의료규정에 위배됨에도 불구하고 의사와 부모의 동의를 얻어 언니를 동생의 인큐베이터에 함께 눕혔더니 놀라운 일이 벌어졌다. 언니 카이리가 위태로운 상태인 동생을 껴안자 동생 브리엘의 혈액 내 산소 포화도가 정상으로 돌아왔고, 점차 전반적인 기능이 정상화되어 이후 건강하게 잘 자랐다. 인큐베이터에서 일정 기간을 지내야 하는 미숙아들을 일정 시간 어머니 배 위에 올려놓고 함께 시간을 보내도록 하는 '캥거루 케어'도 바로 신체접촉의 효과를 활용한 것이다.

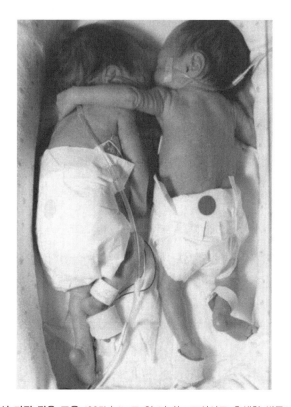

세상에서 가장 작은 포옹 1995년 1kg도 안 나가는 조산아로 출생한 쌍둥이 자매 카이리와 브리엘 잭슨. 당시 동생 브리엘이 맥박, 호흡, 혈압 등이 경고 수치를 넘길 정도로 위태로운 상태에서 언니 카이리를 브리엘의 인큐베이터에 함께 눕혀 주어 동생의 어깨에 언니의 손길이 닿게 했더니, 의료진도 속수무책이던 브리엘의 몸 상태가 서서히 안정을 찾기 시작하였다.

바쁜 현대사회에서 부모들은 어떻게 하면 짧은 시간에 최소한의 노력으로 최대한 효율적으로 부모역할을 수행할 수 있을지 그 방법을 찾고자 노력한다. 그러나 신체접촉에 관한 한 일정 시간을 자녀와 함께 하는 방법 이외에 효율적인 방법, 지름길은 없다. 일정 시간 자녀와 몸과 몸을 맞대고 생활하는 신체접촉의 중요성은 어린아이들의 발달에서 아무리 강조해도 지나침이 없을 것이다.

✒ 아이들의 안전기지, 애착

애착 행동과 탐색 행동은 서로 상반되는 방향으로
작용한다. 놀라운 일이 생기거나 낯선 대상이 다가
오거나 애착 대상과 멀어지면, 애착 행동에 대한 경
계경보가 발령되며 탐색 행동은 중단된다.

– 존 보울비 –

　　산악인들은 높은 산을 오르기 위해 먼저 산 아래에 베이스캠
프를 설치한다. 그곳에 물자를 저장해 두고 심리적 보루로 삼기
위해서이다. 인생이라는 긴 여정도 산을 오르는 것에 비유할 수
있을 것이다. 다른 동물에 비해 의존기간이 유난히 긴 인간의
아기들에게도 누군가 믿고 의지하고, 힘들면 위안을 얻을 수 있
는 심리적 베이스캠프가 필요하다. 그것이 바로 어린 영아와 양
육자 간에 형성되는 애착관계이다. 출생 직후 어린아이가 양육
자에게 친밀한 정서적 유대감을 형성하는 것을 애착이라고 하
며, 애착대상은 혼자 힘으로는 아무 것도 할 수 없는 무력하기

그지없는 영아가 기대고 의지할 수 있는 안전기지(secure base)의 역할을 한다. 일단 아이들이 양육자와 애착을 형성하게 되면 애착대상과 함께 있을 때는 편안함을 느끼지만 애착대상과 분리되거나 애착대상이 아닌 다른 사람들과의 관계에서는 불안감을 느끼고 낯가림을 한다.

보울비(Bowlby)는 제2차 세계대전 중 갑작스럽게 부모와 분리되었던 아이들이 보였던 여러 가지 문제행동에 주목하였다. 또한 질병에 걸린 아이들이 어머니로부터 갑작스럽게 분리되어 병원에 입원하면서 나타나는 문제행동에 주목하였다. '두 살짜리 병원에 입원하다(A two-year-old goes to hospital)'라는 영상자료는 안전기지의 역할을 하는 양육자로부터 갑작스럽게 분리되는 것이 어린 영아에게 얼마나 부정적인 영향을 미치는지를 생생하게 보여 주었고, 애착문제에 대한 세인의 관심을 고조시켰다.

당시에는 어린아이가 질병에 걸리면 감염 문제 때문에 자녀를 부모로부터 분리시켜 자녀만 병원에 입원을 하고, 부모는 아이를 병원에 남겨 둔 채 집으로 돌아오는 것이 보편적이었다. 부모와의 갑작스러운 분리에 대해 어린아이들은 처음에는 격렬하게 저항하다가 시간이 지나면서 이를 어쩔 수 없는 상황으로 받아들이고 절망감에 빠지며, 이후 냉담한 반응을 보였다. 결국 아이들은 병원에 입원함으로써 신체적인 질병은 치유되었지만 다시 분리되거나 버림받을지도 모른다는 불안감으로 인해 마음의 병을 얻게 된 것이다.

어린아이들이 양육자와 형성하는 애착관계를 보다 잘 이해하기 위해 에인스워스(Ainsworth)는 어린 영아와 양육자, 낯선 사람으로 구성되는 '낯선상황실험'을 개발하였다. 그리고 실험을 통해 애착유형을 안정애착, 회피애착, 저항애착의 세 가지 유형으로 구분하였다. 안정애착유형은 낯선 사람보다 어머니에게

'두 살짜리 병원에 입원하다(A two-year-old goes to hospital)' 어머니로부터 분리되어 병원에 입원한 두 살짜리 '로라'의 고통을 보여 주는 필름(출처: www.youtube.com)

보다 확실하게 관심을 보이고 어머니와 친밀한 관계를 유지한다. 어머니로부터 분리되었을 때에도 어떻게든 스스로 위안을 얻을 방법을 찾고, 어머니가 돌아오면 반갑게 맞이하고 쉽게 편안해진다. 회피애착유형은 어머니에게 친밀한 반응을 보이지 않지만 그렇다고 해서 낯선 사람에게 친밀한 반응을 보이는 것도 아니다. 이 아이들은 어머니가 방을 떠나도 그다지 울지 않지만, 어머니가 다시 돌아와도 다가가지 않고 회피한다. 저항애착유형은 어머니가 방을 떠나기 전부터 불안해하며 어머니 옆에 바짝 달라붙어 있고, 어머니가 방을 나가면 심한 분리불안을 보인다. 어머니가 돌아오면 가까이 다가가지만 어머니로부터 안정감을 얻지 못하고 소리를 지르거나 어머니를 밀쳐 내는 양면성을 보인다.

그러면 왜 어떤 아이들은 안정애착유형으로, 또 다른 아이들은 회피애착이나 저항애착유형으로 성장하게 되는 것일까? 바로 양육자가 보이는 반응 때문이다. 인간의 아기는 출생 당시 무력하기 그지없는 존재이며, 생존을 위해서는 누군가의 도움을 필요로 한다. 그래서 힘들거나 위험에 처한 상황에서 양육자가 어린아이에게 보이는 반응은 자기와 타인에 대한 이미지를 만드는 기본이 된다. 자기에 대한 이미지는 자신이 사랑받을 만한 가치가 있는가를 의미하며, 타인에 대한 이미지는 자신이 필요로 할 때 타인이 도움을 줄 것인지를 의미한다.

어려움에 처한 상황에서 양육자가 아기의 요구에 민감하고 따뜻하게 반응해 주면, 아기는 자신이 사랑받을 만한 가치가 있다는 자기에 대한 긍정적인 이미지를 형성하게 될 것이다. 동시에 자신이 도움을 필요로 하면 타인이 도움을 줄 것이라는 타인에 대한 긍정적인 이미지를 형성하는 안정애착유형으로 성장하게 될 것이다. 반면, 양육자가 아기의 욕구에 민감하게 반응해 주지 못하면 자신이 필요한 상황에서 도움을 줄 수 있는 타인에 대한 부정적 이미지를 형성하는 회피애착유형으로 성장하게 될 것이다. 또한 양육자가 아기의 욕구에 일관성 있게 반응해 주지 못하면 아기는 자신이 사랑받을 만한 가치가 없다는 자기에 대한 부정적인 이미지를 갖는 저항애착유형으로 성장하게 될 것이다.

영아기에 안정애착유형으로 분류되었던 아이들은 이후 초등학교에서도 또래에게 인기가 있고, 청년기의 이성교제나 연인 관계에서도 보다 원만하고 친밀한 관계를 유지하는 것으로 나타난다. 당연한 귀결이다. 안정애착유형은 자신이 사랑받을 만한 가치가 있다고 생각한다. 동시에 자신이 필요로 할 때 타인도 자신에게 도움을 줄 것으로 생각한다. 그래서 자신의 제안에 대한 친구나 연인의 거절 반응을 자신이 싫어서가 아니라 그 제안 자체가 마음에 들지 않아서 거절하는 단순한 의미로 받아들일 것이다.

그러나 저항애착유형에게 있어 상대방의 거절은 단순히 자신의 제안 자체에 대한 거절이 아니다. 자신이 사랑받을 가치가 없다고 생각하기 때문에 이제는 자신에게서 관심이 멀어져서 거절한다고 생각한다. 그래서 관계가 깨질까 봐 조바심을 갖게 되고, 계속 관계에 몰두하며 집착한다. 그러니, 상대방은 계속 뒤로 물러날 수밖에 없게 된다.

반대로, 자신이 어려움에 처했을 때 도움을 줄 타인에 대해 부정적인 이미지를 가지고 있는 회피애착유형의 경우에는 애당초 상대방이 자신에게 도움을 줄 수 없을 것으로 생각하고 더 이상 다가갈 필요가 없다며 마음의 선을 그어 놓은 상태이다. 그래서 타인과 속내를 털어놓는 친밀한 관계를 발전시켜 나가는 데 어려움이 있을 수밖에 없다.

여러 학자들이 애착을 강조하는 것은 어린아이의 안전기지의 역할뿐 아니라 이후에 미치는 지속적인 파급효과 때문이다. 그러나 다른 발달영역에 대한 연구와 마찬가지로 개인의 애착유형을 분류하는 것이 애착연구의 궁극적인 목적은 아닐 것이다. 특히 불안정 애착유형의 세대 간 전이를 강조함으로써 낙인 효과를 강조하고 싶었던 것은 더더욱 아닐 것이다. 보울비가 생의 마지막 10년간을 애착문제로 인한 정신병리 연구와 치료에 몰두한 것도 바로 어린 시절 애착형성의 문제로 인한 부정적인 파급효과를 가능한 한 완화시키고자 하는 바람에서였다. 과거에 형성된 애착관계 자체는 변화시킬 수 없다 하더라도 각 개인이 치료자가 되어 자신의 내적 작동모델을 탐색해 봄으로써 이를 수정하고 재구조화하는 것이 가능하기 때문이다.

아이들의 생각과 감정을 펼치는 도구, 놀이

놀이는 유년기의 가장 순수하고 영적인 활동이다.

– 프리드리히 프뢰벨 –

'놀이는 아이들의 일이다.' '일만 하고 놀 줄 모르면 바보가 된다.'는 말처럼 아이들은 많은 시간을 놀이에 할애하고, 또 놀이를 통해 많은 것을 배워 나간다. 그래서 놀이치료실에 오는 아이들 가운데서도 인지발달에 문제가 있는 아이들은 잘 놀지 못하고 놀이의 수준도 낮다. 놀이는 인지발달에도 영향을 미치지만 치료적 효과 또한 높다. 어린아이들은 언어능력이 부족하여 자신의 생각이나 감정을 말로 표현하기 어렵다. 그래서 놀이는 마음속에 쌓여 있는 부정적인 감정을 털어낼 수 있는 가장 효과적인 수단이 된다. 엑슬린(Axline)이 우리에게 널리 알려진 '딥스(Dibs)'라는 아이의 닫힌 마음의 문을 열게 한 것도 바로 놀이가 가지고 있는 치료적 효과를 통해서이다.

또한 놀이는 사회성발달의 중요한 수단이 되기도 한다. 최근 집단따돌림이 우리 사회의 큰 문제로 부각되고 있는 이유 가운데 하나도 아이들이 놀 시간이 부족한 것, 혼자놀이의 비중이 높은 것과 관련이 있다. 아이들은 놀이 속에서 사회성을 익혀 나가고, 또 역으로 사회성발달 수준에 따라 놀이도 혼자놀이처럼 비사회적인 놀이로부터 팀을 이루고 규칙에 따라 이루어지는 사회적인 놀이로 발전해 나간다. 종전에는 혼자놀이의 비중이 높다고 해서 아이들의 사회적 능력이 떨어진다고 생각하지는 않았다. 오히려 독립심과 성숙함을 나타내는 것이라고 생각하기도 하였다. 그러나 인터넷이나 스마트폰이 널리 보급되면서 혼자놀이의 비중이 급격히 증가하고 있다. 그래서 놀이 형태가 사회적인 놀이로 발전하지 못하고 혼자놀이에서 끝나 버리는 경우가 많다. 인터넷에 빠져 사람과의 상호작용능력이 발달하지 못하고 자기만의 세계에 빠져 들어가는 은둔형 외톨이인 '히키코모리'족이 증가하고 있는 것이다.

이처럼 놀이가 아이들의 발달에 미치는 영향이 지대한데도 요즈음 동네 놀이터에는 놀고 있는 아이들이 별로 없다. 동네 놀이터뿐만이 아니다. 어디에서건 한가롭게 놀고 있는 어린아이들의 모습을 찾아보기가 쉽지 않다. 아이들은 모두 어디로 간 것일까?

우리의 일상적인 활동을 놀이와 일이라는 두 가지 범주로 구분해 볼 때, 놀이와 일의 차이점은 놀이가 능동적·자발적으로 이루어지는 활동인 데 반해, 일은 수동적·타율적 활동이라는 점이다. 놀이는 그 자체로서 재미있고 과정이 우선시되는 활동이라면, 일은 다소 지루하고 목적이 우선시되는 활동이다. 이러한 의미에서 본다면 세상에서 가장 행복한 사람은 일을 놀이처럼 하는 사람일 것이다. 일을 하면서도, 일 그 자체를 즐기면서 자발적으로 재미있게 하는 사람이 가장 행복한 사람이라면, 역으로 남에게 떠밀려 재미있는 놀이를 일처럼 억지로 하는 사람이 가장 불행한 사람일 것이다. 누군가 요즈음 사회적인 문제로 대두되고 있는 게임중독을 예방하기 위한 방책 아닌 방책으로 "게임을 학교 수업과목으로 채택하면 된다."고 하였다. 이는 바로 게임을 공부처럼 등수를 매기면, 좋은 성적을 얻기 위한 목적으로 일을 하듯 게임을 해야 하고, 그렇게 되면 재미가 없어져 안 할 것이라는 논리가 발상의 근저에 있는 것이다.

　유치원(kindergarten)이라는 단어는 독일어로 '어린이(kind)'라는 단어와 '정원(garten)'이라는 단어가 합성된 것이다. 말 그대로 아이들의 정원이다. 정해진 일과가 없이도 아이들은 숲속에서 자유롭게 뛰놀며, 사계절의 변화를 느끼고, 무언가를 배워 나간

유치원이라는 단어는 어린이의 정원이라는 의미를 담고 있다. 말 그대로 어린아이들이 선생님을 따라 숲속 유치원에서 하루 일과를 시작하고 있다(출처: 상지숲 해설가교육과정 동문회).

다. 예전 아이들은 아무런 놀잇감이 없이도 땅바닥에 돌멩이로 선을 그어 놓고 시간 가는 줄 모르고 놀곤 했었다. 그야말로 동네유치원을 다닌 셈이다. 그러다가 저녁때가 되어 "○○야! 밥 먹으러 와라!"라는 소리가 들리면 놀이를 끝내고 집으로 돌아갔다. 그렇게 하루 종일을 뛰어놀았다.

반면, 요즈음 아이들은 놀이 시간이 절대적으로 부족하다. 뛰어놀지 못해서 소진되지 못한 에너지를 밤잠을 자지 않고 집안에서 뛰어다니는 데 사용하고 있다. 그리고 놀잇감이 부지기수로 널려 있어도 "뭐하고 놀아요?" "어떻게 놀아요?"라는 물음을 쏟아 놓는다. 아이들은 모든 것을 배워 왔기 때문에 놀이에도 무언가 익혀야 할 방법이 있다고 생각한다. 바로 일처럼 놀이를 할 만반의 준비가 되어 있는 것이다. 그저 뛰어놀면서 놀이 속에서 무언가를 배워 나가야 할 어린 시절이 점차 침식당하고 있는 것이다.

아이들의 몸과 마음이 건강하게 커 나가기 위해서는 아이들에게 놀이를 돌려주어야 한다. 그러기 위해서는 '놀다'라는 단어가 '공부하다'라는 단어와 상반되는 의미를 가지고 있다고 생각하고, 그래서 가급적 공부시간은 늘려 나가고 놀이시간은 줄여 나가야 한다는 발상에서 탈피할 필요가 있다. 나아가 부모들도 일이나 숙제처럼 의무적으로 '자녀를 위해 놀아 주는(play for)' 놀이가 아니라, 놀이를 할 만큼 충분히 동심의 세계로 돌아갈 수 있어야 한다. 동심으로 돌아가 kidult가 되어 즐겁게 '자녀와 함께 놀 수 있는(play with)' 놀이문화가 뿌리 내리기를 기대해 본다.

🐋 고래도 춤추게 하는 칭찬

> 자신의 능력에 대해 과대평가하는 사람은 과소평가
> 하는 사람보다 더 많은 것을 이룰 수 있다.
>
> – 앨버트 반두라 –

『칭찬은 고래도 춤추게 한다』는 제목의 책이 출간될 만큼 칭찬의 효과는 널리 알려져 있다. 그러나 한편으로 많은 부모들은 칭찬이 아이를 교만하게 만들 것이라고 생각한다. 그리고 칭찬을 해 주면 혹시나 자녀가 이만하면 되었다고 생각하고 안주해 버리지는 않을지, 더 높은 단계로 발전하기 위한 노력을 멈추어 버리는 것은 아닐지 노심초사한다. 그래서 안타깝게도 웬만한 일에는 칭찬을 하지 않으려 한다. 이와는 반대로 오히려 잘못된 행동을 했을 때에는 얼굴을 붉히며 장황하게 꾸중을 하는 편이다.

왜 칭찬이 고래도 춤추게 할 만큼 큰 효력을 지니고 있는 것일까? 바로 자신이 어떤 일을 해낼 수 있다는 자신의 능력에 대

한 확신, 즉 자기효능감을 길러 주기 때문이다. 반두라(Bandura)
는 아주 위험한 상황에서는 자신의 능력에 대한 정확한 판단이
필요하지만, 그렇지 않은 대부분의 상황에서는 자신의 능력에
대해 과대평가하는 사람이 과소평가하는 사람보다 더 많은 것
을 이룰 수 있다고 하였다. 내가 할 수 없는 일이라고 생각하는
것보다는 할 수 있는 일이라고 생각하는 것이 더 많은 성취동기
를 부여해 주기 때문이다.

　그러면 칭찬만 해 주면 무조건 자기효능감이나 성취동기가
높아지는가? 그것은 아닐 것이다. 칭찬의 방법 또한 중요하다.
어떻게 칭찬하는지에 따라 칭찬의 효과는 달라진다. 부모들은
실제로 그렇게 생각지 않으면서 칭찬을 하는, 흔히 거짓 칭찬을
남발하곤 한다. 이러한 칭찬 아닌 칭찬을 들을 때 자녀가 느끼
는 감정이 어떨지 생각해 보자! 예를 들어, 자녀 자신은 그다지
잘 그리지 못했다고 생각하는 그림을 보고, 부모가 "○○야, 너
그림 정말 잘 그렸구나!"라는 감탄사를 연발했다고 가정해 보
자. 어린아이들도 자신이 그림을 잘 그렸는지, 못 그렸는지 혹
은 자신이 그린 그림이 흡족한 수준인지, 아닌지는 알고 있고,
판단할 수 있다. 부모의 칭찬 때문에 지금까지 못 그렸다고 생
각했던 그림을 갑자기 잘 그린 것으로 생각하게끔 돌변하지는

않는다. 그러한 상황에서 거짓 칭찬은 자녀로 하여금 엄마, 아빠가 내 기분을 좋게 하려고 거짓말을 한다고 생각하게 할 것이다. 심지어는 부모가 나를 놀린다고 생각할 수도 있다.

또 다른 잘못된 칭찬의 방법 가운데 대표적인 것은 칭찬받을 만한 자녀의 행동 자체가 아니라 성격에 초점을 맞추어 칭찬하는 것이다. 가장 흔한 예가 '착하다'는 표현이다. 부모들은 자녀의 행동이 기여한 점보다는 '착하다'는 표현으로 칭찬을 대신하는 경우가 많다. 자녀가 집에서 키우는 애완견의 밥을 챙겨 주고 목욕을 시켜 주었을 경우, "네가 강아지 밥을 주어서 강아지가 배부르게 잘 먹었겠다." "네가 목욕을 시켜 주어서 강아지가 아주 시원하게 잠을 잘 자겠구나." 등과 같이 자녀의 행동이 기여한 면보다 "강아지 목욕 네가 시켜 주었니? 착하구나!"라고 자녀의 성격적 측면에 초점을 맞추는 경우가 많다. 이러한 칭찬이 반복되면 자녀는 착하다는 자신의 역할에 조율이 되어 심지어는 하고 싶지 않거나 할 수 없는 일에 대해서도 거절을 못하는 아이로 성장하게 된다.

효과적인 칭찬을 위한 가장 기본적인 방법은, 먼저 칭찬받을 만한 자녀의 행동을 부모가 본 그대로 묘사해 주거나 자녀의 행동에 대해 부모가 느낀 바를 묘사해 주는 것이다. 예를 들어, 깔

끔하게 방 청소를 한 자녀의 행동을 칭찬해 주고 싶다면, 부모는 "바닥이 깨끗하구나. 침대도 잘 정리되어 있고, 책도 책장에 잘 정리해 두었구나."라고 자신이 본 그대로를 묘사해 주고, "이 방에 들어오니까 기분이 좋다."라고 자신이 느낀 바를 묘사해 주는 것이다. 자녀의 칭찬받을 만한 행동이나 그러한 행동에 대해 부모가 느끼는 바를 과장하거나 거짓 없이 있는 그대로 묘사해 주는 것은 칭찬의 첫걸음이다.

나아가 자녀가 칭찬받을 만한 성공경험을 많이 할 수 있도록 기회를 제공해 주는 것도 필요하다. 아이들이 한 번에 도달하기 어려운 과제를 가르칠 때 이를 단계별로 세분화하여 가르치는 방법은 성공경험을 가급적 많이 하게 해 주는 효과적인 방법이다. 예를 들어, 부모가 유아에게 양치질하는 방법을 몇 차례 가르쳤다고 해서 아이들이 곧바로 양치질을 할 수 있는 것은 아니다. 그러나 양치질하는 행동을 몇 단계로 나누어, 처음에는 자기 칫솔을 고르는 것에서 시작하여 첫 단계가 성공하면 치약을 짜서 칫솔에 바르는 다음 단계의 행동을 가르치는 방식으로 단계를 나누어 가르치면 아이들은 어려운 과제도 수월하게 해 낼 수 있고, 칭찬받을 기회도 그만큼 많아지게 될 것이다.

아이를 불행하게 만드는 최상의 방법은 잘한 행동을 칭찬하기보다는 잘못된 행동에 초점을 맞추는 것이다. 부모가 자녀에게 주어야 할 효과적인 메시지는 바람직한 행동, 칭찬받을 만한 행동만이 관심을 끌 수 있다는 것을 알려 주는 것이다. 자녀가 바람직한 행동을 했을 때는 부모의 관심을 받을 수 있지만 그렇지 못한 행동을 했을 때에는 관심을 받을 수 없다는 사실을 깨닫게 해 주는 것이다.

아이들의 문제행동을 수정하는 방법으로 흔히 '생각하는 의자'를 많이 사용한다. '생각하는 의자'는 고립(time out)이라는 행동수정방법의 일종으로 말 그대로 문제행동이 일어난 상황으로부터 일정 시간 아이를 분리시키는 방법이다. 이 방법이 널리 사용되는 이유는 바로 잘못된 행동에 관심을 보이지 않고 문제행동을 수정할 수 있기 때문이다. 잘못된 행동으로 인해 벌을 받는 것은 분명 아이가 원하는 형태의 관심은 아닐 것이다. 그러나 벌을 주는 것조차도 아이가 바라는 형태는 아닐지라도 관심을 주는 것이 될 수 있기 때문에 애당초 관심을 차단하기 위해서 고립의 방법으로 '생각하는 의자'를 사용하는 것이다.

많은 성공경험과 성공경험에 대한 칭찬을 바탕으로 아이들은 자신의 능력에 대한 신뢰감을 키워 나가게 된다. 이와는 반대로 잘한 행동에는 침묵하고 잘못한 행동에 초점을 맞추어 장황하게 꾸중하는 방법은 아이의 자신감을 떨어뜨리는 지름길이 된다.

🦔 인정과 믿음, 성공의 어머니

> 인생의 고비가 닥칠 때마다 어머니만큼 나를 인정
> 하고 믿어 주었던 사람은 없다. 성공의 반대는 실패
> 가 아니라, 도전하지 않는 것이다.
>
> – 토머스 에디슨 –

많은 성공경험과 성공경험에 대한 칭찬만이 자신의 능력에 대한 신뢰감, 자기효능감을 향상시키는 것은 아니다. 성공경험에 대한 관심, 칭찬 못지않게 실패경험에 대한 반응도 중요하다. 인생살이에서 실패를 경험하지 않는 사람은 없다. 그러나 실패경험에 어떻게 반응하는가에 따라 이후의 인생행로는 백팔십도 달라진다. 실패로 인해 무력감에 빠지기도 하고, 성공의 초석이 되기도 한다.

발명왕 에디슨이 무려 이천 번의 실패를 거듭하고 마침내 전구를 발명하는 데 성공하였다는 것은 널리 알려진 일화이다. 어느 날 한 기자가 에디슨에게 수많은 실패 경험에 대한 느낌을 물

어보았더니, 그는 자신이 단 한 번도 실패한 적이 없고, 단지 이천 번의 단계를 거쳐 전구를 발명하게 된 것일 뿐이라고 말했다고 한다. 실패경험이 성공으로 가는 한 단계라고 생각할 수 있었기 때문에 에디슨은 '실패는 성공의 어머니'라는 명언을 남길 수 있었던 것이다.

그렇다고 해서 모든 사람이 실패경험을 성공으로 가는 하나의 단계로 생각하지는 않는다. 실패를 거듭하면서 사람들은 자신이 해낼 수 없을 것 같다는 무력감에 빠진다. 반복되는 실패의 경험을 통해 자신의 힘으로는 도저히 불가능하다는 믿음이 형성된 것이 바로 학습된 무력감이다. 아무리 발버둥 쳐도 도망갈 수 없게끔 의도적으로 만들어진 실험실에서 개에게 전기충격을 가하면 개는 처음에는 고통을 피해 도망가기 위해 안간힘을 쓴다. 그러나 도망갈 수 없게끔 의도적으로 만들어진 실험실이기 때문에 아무리 발버둥 친다 하더라도 도망가는 것이 불가능하고, 결국 그 실험실에서 개는 아무리 발버둥 쳐도 안 된다는 체념을 배우게 된다. 이후 마음만 먹으면 전기충격을 피할 수 있는 또 다른 실험실로 개를 옮겨 놓고 전기충격을 가해도 개는 도망갈 생각조차 하지 않고, 그대로 전기충격을 감수한다. 바로 이전의 실험실에서 아무리 발버둥 쳐도 안 된다는 체념을 배웠

어떤 일에 대해 자신이 할 수 없다는 낮은 자기효능감을 가지고 있는 사람은 그 일을 성공하기 위해 노력을 덜 하게 된다. 그래서 결과적으로 그 일을 실패할 수밖에 없고, 그 결과 역시 '나는 할 수 없다.'는 낮은 자기효능감이 형성되어 궁극적으로 학습된 무력감에 빠지게 된다.

기 때문이다. 이것이 바로 학습된 무력감이다. 실패경험이 누적되면 이처럼 돌이킬 수 없는 결과를 초래한다. 실패를 성공으로 가는 하나의 단계로 볼 것인지 아니면 노력해도 안 된다는 무력감에 빠질 것인지는 이처럼 동전의 양면과도 같은 것이다.

그렇다면 어떤 경우 실패가 성공의 밑거름이 될까? 그리고 또 어떤 경우에는 이와는 반대로 무력감에 빠지게 되는 것일까? 반복되는 실패경험은 사람들로 하여금 좌절감에 빠지게 하고, 실패에 대한 두려움 때문에 새로운 일을 시도조차 못하게 만들어 버린다. 실패를 모면하고 싶고 두렵고 수치스러운 것으로 받아들인다면, 실패경험으로부터 배울 수가 없다. 실패경험이 성공을 위한 밑거름이 되기 위해서는 실패하고도 다시 도전할 수 있는 에너지가 남아 있어야 한다. 그러기 위해서는 실패를 두려워하지 않고 직시하며, 실패 원인을 파악하고, 이로부터 배워 나가고자 하는 의지가 있어야 한다. 결국 실패경험을 어떻게 받아들이는가가 이후의 차이를 만들어 내는 셈이다. 그리고 이 과정에서 부모의 인정과 믿음은 지대한 영향을 미친다.

부모들은 흔히 굳이 점수를 매기자면 만점에 가까운 점수를 받을 만큼 완벽한 부모역할을 꿈꾼다. 그런데 자녀가 경험하는 가장 큰 고통 가운데 하나는 완벽한 부모 밑에서 자라는 것이다. 완벽한 부모들은 자신보다 타인의 평가에 지나치게 신경을 쓴다. 그렇기 때문에 남에게 보이기 위해 모든 일에서 완벽해야 한다는 사실에 지나치게 집착하고, 남에게 어떻게 보이는가를 상당히 중시한다. 그래서 자녀가 실패경험을 하는 일이 없도록, 또 실패경험으로 인해 손해를 보는 상황이 발생하지 않게끔 사전에 미리 부모가 완벽하게 차단해 주어야 한다고 생각한다. 만약 자녀의 실수를 사전에 차단해 주지 못하면 부모로서의 책임을 다하지 못했다고 생각하여 자신을 자책한다. 심지어 어떤 부모들은 실패경험을 사전에 차단해 주기 위해 자녀가 할 수 있는 일까지도 대신해 준다. 그런 만큼 자녀의 실패를 성공을 위한 밑거름으로 너그럽게 받아들이기가 어렵다. 결국 실패경험이 주는 학습의 가치 자체를 부정할 수밖에 없고, 부모의 기대를 충족시켜 주지 못하는 자녀를 못마땅하게 생각하고 비난하며, 결국 자녀도 자신의 실패를 수치스럽게 생각할 수밖에 없다. 그러니 실패경험을 통해 무언가를 배울 수가 없고, 재도전하는 것은 불가능해진다. 또한 비록 성공 가능성이 있다 하더라도 실패하는 상황을 만들지 않기 위해 자녀는 절대로 새로운 일을 시도하지 않는다. 그리고 '가만 있으면 중간은 간다.'라는 말을 생활신조로 삼게 된다. 실패할 일도 없지만 성공할 일도 없어지는 셈이다.

아이들은 인정받는 것에 대한 욕구를 가지고 있고, 이러한 욕구를 충족시키기 위해 노력한다. 부모가 자녀의 실패경험을 나무라기 이전에 성공을 위한 하나의 과정으로 인정해 주면 아이들은 실패를 두려워하지 않게 된다. 실패로 인해 야기된 불편함은 아이들의 학습에 촉매제가 되고, 시행착오를 거쳐 아이들은 마침내 성공에 이를 수 있게 된다. 가능한 한 어린 나이에 실패를 경험하면 할수록 적은 대가를 지불하고 배울 수가 있다. 반면, 실패에 대한 부모의 질책은 자녀가 시행착오를 통해 배우는 것을 방해한다. 두려움을 느끼는 상황에서 우리의 뇌는 학습모드가 아닌 생존모드로 전환된다. 이러한 상황에서는 아무 것도 배울 수가 없다. 앞으로 실수를 하지 않기 위해 어떻게 해야 할까보다는 부모가 분노하고 있는 현재의 상황을 모면하기 위해 어떻게 해야 할까를 생각하게 된다.

실패경험이 성공의 어머니가 될 것인지 학습된 무력감으로 발전할 것인지는 실패를 대하는 태도에서 비롯된다. 실패가 성공의 어머니가 아니라, 자녀가 지금 비록 실패했지만 결국에는 성공할 수 있으리라는 자녀의 능력에 대한 인정과 믿음이 성공의 어머니가 되는 셈이다. 에디슨이 병아리를 부화시키려고 암탉처럼 달걀을 품고 있었다는 일화를 모르는 사람은 없을 것이다. 이 일화를 통해 우리는 그렇게 알을 품고 있을 수 있었던, 그렇게 어처구니없는 발상을 행동으로 옮기는 것을 수용해 줄 수 있었던 어머니의 존재를 생각해 볼 수 있다. 에디슨의 어머니가 바로 에디슨을 만든 것이다.

🎵 수용, 인간 존중의 첫걸음

> 모든 생명은 나의 생명과 같고 신비한 가치를 지녔
> 으며, 따라서 이를 존중해야 하는 의무를 지닌다.
>
> – 앨버트 슈바이처 –

아프리카 오지에서 생명존중사상을 실천하는 데 평생을 바
친 슈바이처는 "나는 나무에서 잎사귀 하나라도 의미 없이 뜯지
않는다. 한 포기의 들꽃도 꺾지 않고, 벌레도 밟지 않도록 조심
한다."고 하였다. 생명존중사상이 인간의 생명에 대한 존중을
넘어 이 세상 모든 사물에게로 확장된 것이다. 생명에 대한 존
중, 인간 존재에 대한 존중은 평가하지 않고 있는 그대로의 존재
를 받아들이는 무조건적인 수용에서 시작된다.

영리하고, 유능하며, 잘생기고, 성격적으로도 원만한 자녀를
키우고 싶은 것은 이 세상 모든 부모의 소망일 것이다. 그러나
아이들의 발달은 극단적으로 뛰어난 경우에서부터 극단적으로
열등한 경우에 이르기까지 넓게 분포되어 있다. 동시에 어떤 부

분에서는 지극히 뛰어난 능력을 가지고 있지만 또 다른 영역에서는 지극히 부족한 능력을 가지고 있는 다양한 조합을 이루고 있다. 이처럼 사람의 타고난 능력에는 차이가 있지만 그러한 차이로 인해 차별을 받아서는 안 되고, 그러한 차이 자체를 인정해야 한다는 것이 수용의 진정한 의미이고, 인간 존중의 첫걸음이다. "○○는 이렇다는데, △△는 저렇다는데, 너는 왜 그러니?"라는 비교와 비난 대신, 능력이 모자라건 공부를 못하건 간에 자녀의 능력에 개의치 않고 있는 그대로의 자녀를 무조건적으로 받아들이는 것이 수용의 진정한 의미이다.

부모가 있는 그대로의 자녀를 수용해 주지 못하면 아이들이 지각하는 실제 자기의 모습과 자신이 그렇게 되었으면 하고 바라는 이상적 자기의 모습 간에 괴리가 생기게 된다. 실제 자기와 이상적 자기 간에 괴리가 크면 클수록 불안감을 느껴 타인에게 방어적이 된다. 그리고 타인의 부정적 평가가 두려워 이로부터 벗어나고자 타인에게 긍정적 평가를 받는, 타인이 요구하는 사람이 되고자 노력한다. 수용적인 분위기 속에서 아이들은 자신의 생각과 감정을 진지하게 탐색해 보고 솔직하게 표현할 수 있다.

자녀를 무조건적으로 수용한다는 것의 의미를 자녀의 모든 행동을 무조건적으로 받아들여야 한다는 의미로 잘못 받아들이는 경우가 종종 있다. 자녀를 수용한다는 것은 자녀의 행동을 모두 수용한다는 의미와는 거리가 있다. 자녀가 어떤 행동을 해도 좋다는 허용의 의미는 더더욱 아니다. 자녀의 존재 자체, 자녀가 느끼는 감정이나 생각을 모두 수용해 주되 행동에는 분명 한계가 설정되어야 한다. 동생이 태어나면서 부모의 사랑을 동생에게 모두 빼앗겼다고 생각하는 손위형제의 입장에서는 처음부터 동생이 사랑스러울 리가 없다. 그래서 동생이 없어졌으면 좋겠다고 말할 수 있고 때려 줄 수도 있다. 여기서 부모는 동생이 밉다고 해서 동생을 때리는 것은 분명 안 된다는 한계를 설정해 주어야 하지만, 동생이 밉다는 손위형제의 감정까지 한계를 설정해 주어서는 안 된다는 것이다. 아이들이 느끼는 감정을 수용해 주면 아이들은 자신의 감정을 찬찬히 들여다보고 이러한 감정을 사회적으로 인정되는 방식으로 표현할 수 있는 능력을 스스로 터득하게 될 것이다.

아이들이 필요로 하는 것(needs)을 충족시켜 주고 수용해 주는 것과 원하는 것(wants)을 수용해 주는 것과는 분명 차이가 있다. 의존기간이 긴 인간의 삶에서 혼자 힘으로는 아무 것도 할 수 없는 어린아이에게 생존을 위해 필요한 욕구를 충족시켜 주는 것은 부모의 중요한 역할이자 임무이다. 자신의 욕구가 충족되는 경험을 통해 아이들은 타인에 대해 신뢰감을 느끼고 타인에 대한 배려를 배우게 된다. 그러나 돌이 지나 자율성의 발달과 더불어 자기인식이 생기기 시작하면서 아이들은 점차 자신의 뜻대로 하고자 하는 것이 많아진다. 그리고 자신이 원하는 것을 자기 뜻대로 성취하기 위해 고집을 부린다. 이 시기부터 부모는 아이들이 필요로 하는 것과 원하는 것 간에는 분명 차이가 있다는 것을 가르쳐 줄 필요가 있다. 아이들의 욕구는 충족시켜 주되 원하는 것에는 한계를 설정해 주어야 하며, 한계를 설정해 주되 이와 결부된 생각이나 감정은 수용해 주어야 할 것이다. 수용적인 분위기에서 기본적 욕구를 충족시켜 주되 원하는 것에는 적절한 한계가 설정될 때 아이들은 자신이 무시당하지 않고 사랑받고 존중받는다고 느낀다. 그리고 타인에 대한 존중도 배우게 된다.

'귀하게 키운 자식, 귀하게 된다.'고 한다. '사랑받으면서 자란 아이, 남도 사랑할 줄 안다.'고 한다. 부모조차 귀하게 생각지 않고 사랑하지 않는 아이를 다른 사람이 사랑해 주기를 기대하기는 어려운 일이다. 수용은 부모가 자녀의 능력을 평가하지 않고 자녀의 부정적인 특성까지를 포함하여 있는 그대로의 자녀를 소중한 존재로서 무조건적으로 받아들이는 것을 의미한다. 부모의 무조건적인 수용을 통해 자녀는 안정감을 느끼고, 자신의 생각이나 느낌을 자유롭게 탐색해 나가며, 자신과 타인을 존중할 수 있는 능력을 키워 나갈 수 있다.

6

부모가 된다는 것은?

6

부모가 된다는 것은?

부모가 되어 자식을 키운다는 것의 책임과 의미를 옛사람들은 흔히 농사에 비유하여 '자식농사'라고 하였다. 씨를 뿌려 추수하기까지 한시도 소홀히 해서는 안 되고, 봄에 씨를 뿌렸다고 해서 가을에 꼭 수확을 하게 되는 것도 아니다. 이렇게 기약할 수 없는 농사의 어려움은 자식을 키우는 것과 닮은 점이 참 많다.

기약할 수 없는 자식농사인지라 우리 선조들은 그야말로 지극정성으로 자식농사에 공을 들였다. 정성을 들이면 들일수록 향기가 짙어지고 잘 시들지 않는 난초를 키우듯. 그렇게 정성스러운 부모의 마음이 담겨 '꽃의 향기는 백 리를 가고, 사람의 향기는 천 리를 간다.'고 했나 보다.

장프랑수아 밀레의 '이삭 줍는 사람들'

옛 사람들은 자식 키우기의 어려움을 농사에 비유하여 '자식농사'라고 하였다. 자식 키우기의 어려움을 봄에 씨를 뿌려 가을에 추수하기까지 한시도 쉬지 않고 정성을 기울이고, 소홀히 하지 않아도 기약할 수 없는 농사의 어려움에 비유한 것이다.

🕊 농부의 마음

가정은 나의 대지이다. 나는 거기서 나의 정신적인
영양을 섭취하고 있다.

– 펄 벅 –

요즈음 같이 기계의 힘을 많이 빌리는 시대에, 게다가 자녀 수도 많지 않고 한두 명의 아이를 키우면서도 자식 키우는 일이 쉽다고 생각하는 부모는 별로 없다. 그래서 '우리 엄마는 우리를 어떻게 키웠을까?'라는 생각을 많이들 하곤 한다. 필자 또한 두 자녀의 엄마로서 아이들을 키우면서 '우리 어머니는 어떻게 그 시대에 직장 생활을 하시면서, 우리 4남매를 그토록 정성스럽게 키울 수 있었을까?'라는 생각이 머릿속에서 떠나지를 않았었다. 그리고 어머니 생각에 눈시울이 붉어진 적이 한두 번이 아니었다. 이제는 아이들이 장성하여 힘들었던 기억은 사라지고 아이들이 주었던 행복한 기억만 남아 있지만, 여전히 어머니는 모성애의 진수처럼 내 기억 속에 남아 있다.

그런데 옛날이라고 자식 키우기가 그렇게 수월하기만 했겠는가? 예나 지금이나 자식 키우기가 어렵기는 매한가지였을 것이다. 그래서 옛 사람들도 자식 키우기의 어려움을 농사에 비유하여 '자식농사'라는 말로 표현한 것이 아니겠는가! 자식 키우는 일은 여러 가지로 농사짓는 일에 비유할 수 있다. 봄에 씨를 뿌려 가을에 추수하기까지 한시도 쉬지 않고 정성을 기울여야 하고, 소홀히 하면 안 되는 점이 그러하다. 또한 봄에 씨를 뿌렸다고 해서 반드시 가을에 수확을 하게 되는 것도 아니다. 때가 되면 김을 매 주고, 가물면 물을 대 주고, 홍수가 나면 벼를 세워 주는 등 자잘한 일이 수없이 많다. 아무리 농사를 잘 지어 놓아도 수확 전에 큰비가 내리거나 태풍이라도 올라오는 날에는 그해 농사는 망쳐 버리는 것이다. 그만큼 기약할 수 없는 것이 농사이다. 그런데도 그 어려운 농사가 자식을 키우는 것보다는 쉬웠던 모양이다. "아기 볼래? 밭맬래?"라고 물어보면 모두 밭맨다고 했으니 말이다.

자식농사는 농사와 마찬가지로 몸도 고단하지만 더욱더 힘든 점은 기약할 수 없다는 것이다. 기약할 수 없는 자식농사의 어려움을 우리 선조들은 정성과 지성으로 극복해 나갔다. 모판의 벼 모종을 논으로 옮겨 심고 새로운 환경에서 잘 자라도록 물을 대 주어 보살피듯이 정성을 다해 자식을 키웠다. 부지런히 몸을 움직여 몸으로 정성을 다하는 것은 말할 것도 없고, 아무리 몸으로 정성을 기울여도 안 되는 부분은 마음정성으로 극복하고자 하였다. 아기가 생기지 않으면 마음정성의 상징인 정화수를 떠 놓고 삼신할머니에게 기원하였으며, 출산의 위험을 피하고 순산하도록 삼신상을 차려 놓고 기원하기도 하였다. 아기를 낳은 후 탯줄까지도 함부로 하지 않고 깨끗이 씻어 북산에 묻었고, 삼칠일이 되면 또 삼신상을 차려 아기의 무탈함을 기원하였다.

출생 이후 세 살까지를 젖아기라고 하여 무조건적인 보호의 대상으로 간주한 것도 마음정성에서 비롯된 것이다. 어버이를 봉양하고 남은 달고 부드럽고 매끄러운 음식은 어린아이에게 먹인다고 하여 노부모봉양과 마찬가지로 어린아이들을 정성으로 돌보았다. 매년 다가오는 보릿고개를 어떻게 넘길 것인가가 화두인 당시의 삶에서 자식들 목구멍으로 밥은 넘어가게 하고 싶었던, 가장 어린 자녀 세대를 보호하고 싶었던 부모들의 염원이 담긴 풍습이 아니었을까 싶다.

또한 삼칠일이나 백일풍습도 바로 마음정성의 표현이다. 삼칠일이란 아기가 태어나서 일주일을 세 번 넘기는 21일간을 말

우리나라에서는 아기가 태어나서 삼칠일(21일) 동안 대문에 숯이나 홍고추 등을 매단 짚으로 만든 금줄을 걸어 두어 잡인의 출입을 금함으로써 면역력이 약한 신생아의 건강이나 출산으로 힘든 산모의 건강을 배려하였다.

한다. 그 기간 동안 우리 조상들은 대문에 숯이나 홍고추 등을 매단 짚으로 만든 금줄을 걸어 두어 잡인의 출입을 금하도록 하였다. 면역력이 약한 신생아의 건강이나 출산으로 힘든 산모의 건강을 위한 배려였고, 정성이었다.

그리고 아기가 건강하게 잘 자라도록 태어난 지 백일이 되는 날에는 백설기를 해서 백 사람이 나누어 먹었다. 태아는 어머니 뱃속에서 10개월간을 머무는데, 태중 1개월은 28일을 말한다. 그래서 실제 배란일을 감안하여 임신일수를 계산하면 266일간 태내에 머무르는 셈이다. 백일은 태어나는 날까지 포함하여 100일째 되는 날이니, 아이가 잉태되어 365일, 꼭 1년이 되는 날이라고 볼 수 있다. 굶기를 밥 먹듯 했던 시절 백설기를 만들 쌀 구하기가 쉬웠을 리가 없다. 그래도 자식 위한 정성에서 백 사람이 먹을 백설기를 만들었던 것이다. 배고팠던 시절 하얀 쌀로 만든 백설기가 얼마나 맛난 음식이었을지는 미루어 짐작이 된다. 그 맛있는 떡을 먹으면서 백일을 맞은 아이를 마음으로 축복해 주지 않을 사람이 있었겠는가! 이렇게 자식을 키우는 데 정성을 다하고 공을 들인 결실로 농부가 풍성한 결실을 거두듯 부모는 자식농사의 결실을 거두어들였던 것이다.

🦋 자식농사, 태중에서부터

스승의 십 년 가르침이 어미 열 달 가르침만 못하고,

어미 열 달 가르침이 아비 하룻밤 정심만 못하다.

– 사주당 이 씨, 『태교신기』 –

우리 조상들이 자식농사에 얼마나 정성을 쏟았는가는 태교에서 잘 드러난다. 자식이 태어나기 이전 태중에서부터 정성을 쏟은 것은 태중의 태아를 하나의 생명체로 인정하고 존중하였기 때문이다. 그래서 우리나라에서는 만으로 나이를 셈하지 않는다. 태중 십 개월을 하나의 생명체로 인정해 주어 태어나자마자 한 살로 셈을 한다.

태교의 풍습이 우리나라에만 있었던 것은 아니다. 일찍이 히포크라테스는 공주가 피부색이 검은 아이를 출산한 것이 공주님의 침실 벽에 걸려 있는 무어인의 모습에 지대한 영향을 받았기 때문이라고 변론한 것으로 전해지고 있다. 그러나 우리나라에서는 임신한 시점부터가 아니라 잉태 이전부터의 태교를 강조하였고, 또 태교의 역할을 어머니에게 국한시켜 놓지 않았다. 어머니의 마음 못지않게 아버지의 마음가짐도 중요하다고 하였다. 그래서 『태교신기』에는 "스승의 십 년 가르침이 어미 열 달 가르침만 못하고, 어미 열 달 가르침이 아비 하룻밤 정심(正心)만 못하다."고 기록하고 있다. 어머니뿐 아니라 아버지의 마음정성까지도 강조한 것이다. 현대 태아학에서 밝혀지고 있는 것처럼 태내발달이 출생 이후 그 어느 시기의 발달보다도 속도가 빠르고, 태내발달에서도 특히 임신 초기가 대부분의 신체기관이 형성되는 결정적 시기임을 감안할 때 우리나라 태교문화의 우수성을 다시 한 번 실감하게 된다.

우리 선조들이 자식농사에 얼마나 정성을 쏟았는가는 태몽문화에서도 잘 드러난다. 아이를 잉태하기 전후에 꾸는 태몽을 일상적인 꿈으로 가볍게 생각지 않고, 그 꿈에도 여러 가지 의미를 부여하였다. 오래 전 필자가 경기도 지역 태몽을 조사하면서 만났던 어머니들의 반응은 태몽이 그저 단순히 하나의 꿈이 아님을 여실히 보여 주었다. 면담기간이 여름방학이라 학교는 한가한 시기였지만, 농촌은 김매기로 한창 바쁜 시기였다. 농촌 아낙들은 일손을 놓지 않고 부지런히 김을 매면서 자녀양육에 대한 여러 가지 질문에 답해 주었다. 그런데 태몽 이야기를 하면서 어머니들이 보인 반응은 다른 반응과는 판이하게 달랐다. 한결같이 바쁜 일손을 잠시 멈추고는 회상에 젖은 얼굴로 진지하게 자녀의 태몽 이야기를 들려주었다.

어머니들이 들려준 태몽은 내용상으로는 몇 가지 범주 가운데 하나로 분류되는 일상적인 태몽이었지만, 필자가 받은 느낌으로는 처음 접해 보는, 이 세상 어떤 태몽과도 동일하지 않은 비범하기 그지없는 태몽이었다. 빨간 사과를 따온 태몽 속의 빨간 사과는 단순히 빨간 사과가 아니었다. 그렇게 고운 빨간색은 일찍이 본 적이 없는 탐스러운 '빠알가안' 사과를 따서 치마폭에 담아 온 것이었다. 또한 보석도 우리가 흔히 보는 그런 평범한 보석이 아니었다. '영로옹~하게' 광채를 발하는 그런 귀한 보석이었다. 우리 선조들은 태몽을 그저 단순한 꿈으로 넘겨 버리지 않고, 아이의 긍정적인 미래를 말해 주는 일종의 자성예언적인 가치로 승화시켜 왔던 것이다. 꿈과 희망을 예시해 주는 그런 태몽을 자성예언으로 버팀목 삼아 믿고 의지하며, 미래를 꿈꾸면서 힘든 나날을 살아온 것이었다.

태교의 중요성이 널리 인식되면서 다양한 태교방법이 성행하고 있고, 많은 임부들이 태교에 열심이다. 음악을 듣는 음악태교나 책을 읽는 독서태교, 태아와 이야기를 나누는 태담태교

태교의 중요성이 널리 인식되면서 다양한 태교방법이 성행하고 있고, 심지어는 수학 문제집을 푸는 임산부도 있다고 한다.

등 다양한 태교가 이루어지고 있다. 또한 영어공부를 하거나 심지어는 수학 문제집을 푸는 임산부도 있다고 한다. 자신이 영어나 수학을 못해서 받은 불이익을 자녀에게는 물려주고 싶지 않은 심정에서 비롯된 것이다. 이처럼 임부들이 태교에 힘쓰는 것이 잘못된 것은 아니다. 그러나 태교의 본질을 잘못 이해하고 지나친 경우 오히려 부정적인 영향을 미칠 수도 있다.

태교는 태내환경의 중요성을 강조하는 것이고, 그 가운데서도 임부의 마음가짐, 마음정성을 가장 중요하게 생각한다. 그래서 마음을 편안하게 하고 공경하는 마음을 갖는 '존심(存心)'과 행동을 삼감(謹)으로써 마음을 바로 하는 '정심(正心)'이 태교의 핵심이다. 즉, 태교에서 궁극적으로 지향하는 것은 편안하고 긍정적인 마음가짐이다. 태아는 자기 스스로 발달에 필요한 모든 자극을 받아들일 수 있기 때문에 태아의 발달을 위한 최선책은 임부가 편안한 마음을 갖는 것이다. 우리나라의 태교문화에서 평민에게는 '삼태도'를 강조하였으나 양반가에서는 '칠태도[1]'를 강조한 것도 삶이 각박하여 힘든 평민들에게 일곱 가지 금기사항을 강조하다 보면 오히려 그 자체가 스트레스를 가중시킬 수 있음을 감안한 것이다.

한때 모차르트의 '두 대의 피아노를 위한 소나타 D장조'를 대학생 집단에게 들려주었더니 공간추론능력이 향상되었다는 연구결과가 『네이처』지에 보도되면서, 모차르트의 음악을 들으면 머리가 좋아진다는 일명 '모차르트 효과'가 선풍적인 인기를 끌

---

[1] 칠태도란 '임신부가 지켜야 할 일곱 가지 덕목'을 말한다. 중류층 이하의 가정에서는 삼태도까지를 지켰고, 상류층 집안에서는 칠태도를 모두 지켰다고 한다.

기도 했었다. 음악이 주는 정서적인 효과 자체를 부인할 수는 없다. 그렇다고 해서 자궁 속의 태아에게 지나치게 많은 자극을 주는 것은 오히려 해가 된다. 너무 과도한 자극이 주어질 경우 태아는 오히려 스트레스를 받게 된다. 우리 선조들이 강조하였던 것은 임부의 편안한 마음가짐, 마음정성이었음을 다시금 되새겨 볼 필요가 있다.

🌿 저울추의 균형, 엄부자모모델

고지식하게 자애하는 것을 일삼거나 자애에 빠지는
것을 덕으로 삼는다면 이는 스스로 그 아랫사람을
잘못되게 만드는 것이다.

– 여사서(女四書)의 내훈(內訓) –

우리 선조들이 자식농사에 정성을 쏟은 것은 태중에서만이
아니다. 태어나서도 마음정성을 게을리하지 않았다. 그러한 마
음정성은 부모의 양육태도인 엄부자모(嚴父慈母)모델로 발전하
였다. 우리 전통양육에서 바람직한 양육태도로 간주되는 엄부
자모의 의미는 글자 그대로 아버지는 엄하고 어머니는 자애로
운 것이 가장 이상적인 양육태도라는 것이다. 그러나 엄부자모
의 의미는 단순히 아버지는 엄하고 어머니는 자애로운 이분법
적인 구분을 넘어서 '엄함'과 '자애로움'의 조화를 의미한다.

아버지를 지칭하는 단어 가운데 하나는 '엄친(嚴親)'이다. 엄친
이라는 단어는 바로 아버지가 '엄함'뿐 아니라 '친함'이라는 속성

따듯한 방 아랫목에 밥그릇을 묻어 놓고, 나무해서 시장에 팔러 간 내 자식이 호랑이에게 해를 입지 않고 무사히 돌아오고 있는지, 나무 위에 올라가면 좀 더 멀리 볼 수 있으니까 살펴보고 기다리는 따듯한 마음이 담겨 있는 것이 바로 '친(親)'이라는 글자의 의미이다.

의 조화를 지향하였던 우리나라의 전통양육방식은 놀랍게도 바로 현대의 학자들이 가장 바람직한 것으로 주장하는 '권위 있는 양육태도'와 유사하다.

최근 많은 아버지가 친구 같은 아버지가 되고 싶어 한다. 바로 친한 아버지, 온정적이고 반응적인 아버지가 되고 싶다는 의미이다. 속으로는 자식을 사랑하는 마음이 넘치면서도 겉으로는 너무 엄하고 무서워서 다가가지 못했던 과거 아버지들의 모습에 비추어 본다면 바람직한 변화일 것이다. 여기서 중요한 것은 '엄함'과 '친함'의 조화다. '엄함'이 지나쳐 '친함'을 가려 버리는 것도 문제이지만, 요즈음처럼 저출산율로 인해 소황제증후군, 왕자병, 공주병이 만연한 사회에서 '엄함'이 없는 것, 한계를 설정해 주지 못하는 것 또한 문제일 것이다.

옛날 한 노승이 동자승과 함께 밭에서 김을 매고 있었다. 그때 산에서 사슴 한 마리가 아무런 경계심도 보이지 않고 그 곁으로 다가와 풀을 뜯어 먹고 있었다. 그러자 노승은 들고 있던 막대기로 사슴을 내려쳤고, 사슴은 놀라 도망을 갔다. 이 모습을 본 동자승은 그렇게 인자한 노승이 사슴을 막대기로 내려치는 것에 놀라 그 연유를 물어보았다. 그랬더니 노승은 "오늘 내가 저 사슴을 때리지 않으면 저 사슴은 사람을 경계할 줄 모를 것이다. 그래서 또 다시 사람이 있는 곳으로 내려와 경계심을 갖지 않고 풀을 뜯어 먹다가 결국에는 죽게 될 것이다. 그렇지만 오늘 내가 때림으로 해서 그 사슴은 사람을 경계할 줄 알게 되었을 것이다."라고 답하였다고 한다.

　많은 부모는 한계를 설정해 주는 것이 자녀의 행동을 수용해 주지 못하고, 행동을 구속하고 자유를 제한하는 것이라고 생각한다. 그래서 자녀가 원하는 대로 내버려 두어야 자녀가 행복해질 것으로 생각한다. 이러한 오해는 한계설정이라는 단어의 의미에 대한 오해에서 비롯된다고 볼 수 있다. 여기서 말하는 한계설정의 의미는 자율과 상반되는 심리적 통제의 의미가 아니라, 오히려 방임과 상반되는 의미의 행동적 통제를 의미한다. 그냥 내버려 두는 것이 아니라 적절한 행동적 한계를 설정해 줄 때 아이들은 더욱더 안정감을 느끼게 된다. 우리가 집을 짓고 굳이 울타리를 만드는 것도 일정한 경계를 만듦으로써 그 속에서 안정감을 느낄 수 있기 때문이다.

　자녀의 행동에 한계를 설정하는 것은 어린아이들이 말을 할 수 있어야만 가능할 것으로 생각한다. 그러나 돌이 되기 이전에도 인간의 아기는 이 지구상의 어떤 생명체보다도 영리해서 말을 하지는 못해도 말귀를 알아듣는다. 즉, 부모가 설정하고자 하는 한계를 이해한다. 그래서 한계를 설정해 주는 것은 아기가 말하기 이전부터도 가능하다. 강압적인 태도가 아니라 아이들이 알아들을 수 있도록, 조용하지만 단호한 어조로 이야기해 주고 행동으로 보여 주면 아이들은 그러한 부모의 한계설정을 이해하고 수용한다. 특히 어린아이들은 부모의 말보다 몸짓이나 행동을 통해 배운다. 어린아이들에게는 더욱더 '백문(百聞)이 불여일견(不如一見)'인 셈이다.

🎵 너 잘되라고 때리지, 미워서 때리냐!

진실로 사랑해서 때리는 매는 누구를 내쫓는 매가
아니라 더 따뜻하게 끌어안는 매이어야 합니다.

— 김수환 추기경 —

'미운 자식 떡 하나 더 주고, 귀한 자식 매 한 번 더 때린다.'는
우리의 옛 속담이나 '매를 아끼면 자식을 망친다.'는 솔로몬 왕
의 말처럼 예로부터 체벌은 자식농사를 잘 짓기 위한 중요한 수
단으로 여겨졌다. 자식의 잘못된 행동을 바로잡는 가장 효과적
인 도구가 체벌임을 의심치 않았다. 그래서 자식을 때리면서도
우리나라 부모들은 '너 잘되라고 때리지, 미워서 때리냐!'라고
했다. 영어로도 이와 유사하게 'For your own good'이라는 표현
이 있는 것을 보면 자식이 미워서가 아니라 자식을 위한다는 명
분하에 체벌문화가 이 지구상에서 대를 이어 계승되어 온 모양
이다. 그러니까 '사랑의 매'라는 말도 생겨났을 것이다.

우리는 부모가 자녀의 잘못된 행동을 따끔하게 꾸짖거나 체

예로부터 체벌은 자식농사를 잘 짓기 위한 수단으로 여겨졌다. 자식의 잘못을 바로잡는 가장 효과적인 도구로 간주되었다.

벌을 가하면서 '혼을 낸다.'는 말을 사용한다. 눈물이 쏘옥 빠지도록 혼을 내고 난 후 부모들은 확인하듯 자녀에게 물어본다. "무얼 잘못했니?"라고. 그런데 대부분의 아이는 그러한 부모의 물음에 제대로 대답을 못한다. 그러면 부모는 "아직도 네 잘못을 모르는구나."라고 하면서 또 혼을 내는 악순환이 일어난다. 왜 자녀는 부모의 물음에 제대로 답할 수가 없었을까? 이유는 간단하다. 부모에게 혼이 난 아이들은 말 그대로 '혼'은 나가 버리고 그 자리에 '겁'이 대신 들어오게 된다. 혼이 나가 있으니 잘못한 게 뭐냐고 물어봐도 제대로 대답을 할 수가 없는 것이다. 그러니까 부모들은 그렇게 혼이 나고도 무얼 잘못했는지 모르냐며 또 혼을 내고, 혼을 내면 낼수록 대답을 못하는 악순환이 일어나게 된다. 실제로 열심히 공부를 했는데도 시험을 못 봐서 한 번 혼이 난 아이들은 다음번에 시험지를 받아들면 불안도가 더 높아진다. 불안도가 높아지는데 성적이 더 좋게 나오기는 어려울 것이다. 시험 성적 때문에 혼나는 일이 반복되다 보면 어떤 아이들은 시험지만 받으면 너무나 긴장한 나머지 시험지의 까만 글씨는 보이지 않고, 시험지 전체가 온통 새하얀 백지로 보이기도 한다. 또한 혼이 나간 상태에서 다시 혼나는 것이 무서워 잘못했다고 하기 때문에, 자신의 혼이 담기고 진심이 담긴 뉘우침이 아니니 잘못을 되풀이할 수밖에 없다. 그래서 체벌만으로 바람직한 행동을 학습하게 하는 것에는 한계가 있다.

부모가 자녀에게 바람직한 행동을 가르쳐 주는 데에는 바람직하지 못한 행동을 했을 때 체벌을 하는 방법도 있지만, 바람직한 행동을 했을 때 칭찬해 주는 방법도 있다. 두 가지 가운데 보다 효과적인 방법은 바람직한 행동을 했을 때 칭찬해 주는 방법이다. 자녀에게 숙제를 해놓고 놀아야 한다는 행동을 가르쳐 주기 위해서는 자녀가 숙제를 하지 않고 놀고 있을 때 처벌을 하는 것보다 숙제를 해 놓고 놀고 있을 때 이를 칭찬해 주는 것이 보다 효과적인 방법이다. 그런데 부모들은 자녀가 숙제를 하지 않고 놀고 있을 때에는 장시간 혼을 내면서, 막상 숙제를 해 놓고 놀고 있을 경우에는 그것이 당연하다는 것처럼 그냥 지나치거나 칭찬을 하더라도 짧게 끝내는 경우가 많다. 혼내는 것은 길고 장황하게 하면서, 칭찬은 짧고 간단명료하게 끝내 버리고 만다.

더구나 체벌의 가장 큰 문제는 체벌 자체만으로 자녀의 행동을 변화시키기 어렵다는 것이다. 단기적인 효과는 있을 수 있으나 장기적인 효과를 기대하기는 어렵고, 나아가 공격성을 증가시키기도 한다. 또한 체벌은 체벌을 한 사람이나 장소를 싫어하게 할 뿐더러 체벌을 피하기 위해 더 심각한 문제행동을 유발한다는 문제점을 가지고 있다. 그래서 체벌의 효과를 기대하기 위해서는 사전에 체벌을 받게 되는 기준을 명확하게 알려 주고, 다른 방법을 병행하는 것이 필요하다.

수많은 유태인을 학살한 히틀러에게도 자신의 한 맺힌 감정을 쏟아부을 수 있는 자식이 있었다면 세계의 역사는 달라졌을 것이라고 한다. 그만큼 자녀에게 훈육을 한다는 명분하에 많은 체벌이 이루어지고 있고, 그러한 명분하에 출발한 체벌이라 할지라도 오히려 부모의 화풀이 수단으로 많은 체벌이 이루어지기도 한다는 것이다. 작고하신 김수환 추기경은 "때리는 사람의 아픔과 고통이 맞는 사람의 그것보다 더 큰 것일 때 사랑의 매가 될 수 있다."고 하였다. 이 말은 자녀에게 매를 들 때 생각해 보아야 할 잣대가 될 수 있을 것이다.

🌿 '난'과의 교감

춘란은 미인과 같아서 꺾지 않아도 스스로 향기를
바친다.

 – 소식(蘇軾)의 '춘란(春蘭)' –

난초 그림의 일가를 이룬 석파 대원군 이하응의 '묵란첩 2'

화초를 길러 본 사람들은 누구나 '난(蘭)'을 잘 기르는 것이 어렵다는 것을 안다. 그래서 난을 성급한 사람을 가르치는 스승이라고도 한다. 키우기 어려운 만큼 꽃을 피웠을 때의 아름다움과 기품 또한 빼어나다. 정성을 들이면 들일수록 향기가 짙어지고 잘 시들지 않는다. 이렇게 키우기 어려운 난과 교감해 나가는 과정은 부모가 자식농사에 들이는 마음정성에 비유할 수 있을 것이다.

사람의 성장과정에 타고난 유전적 요인이 미치는 영향이 지대함은 부인할 수가 없다. 그래서 어떤 사람이 부정적인 발달특성이나 행동을 보이는 것은 이를 유발하는 위험유전자를 지니고 있기 때문이라고 생각한다. 그러나 유전학이 발달하면서 유전자의 영향에 대한 기존의 생각은 상당 부분 수정되었다. 유전자에 대한 연구결과는 역설적으로 유전자의 발현을 조절해 주는 환경요인에 대한 관심을 고조시키고 있다. 종전에는 부정적이고 바람직하지 못한 행동을 유발하는 것으로 알려졌던 위험유전자가 이제는 환경요인에 따라 오히려 긍정적이고 바람직한 결과를 초래할 수도 있는 융통성 있는 유전자로 받아들여지고 있기 때문이다. 위험유전자를 가지고 있는 사람은 다른 사람들보다 좋지 않은 환경에서는 취약하지만 이들은 부정적이든 긍

민들레는 겨울에 줄기는 죽지만 이듬해 다시 살아나는 강한 생명력을 지니고 있기 때문에 환경의 변화에 따라 그다지 영향을 받지 않는다. 반면, 난초는 서식환경이 조금만 달라져도 민감하게 영향을 받기 때문에 기르기가 매우 힘든 식물이다. 그래서 민들레형 아동은 환경요인의 변화에 그다지 영향을 받지 않는 유형이라면, 난초형 아동은 환경요인의 변화에 민감하게 영향을 받는 유형이다.

정적이든 상황에 대해 민감한 반응을 보인다는 점에서 좋은 환경에서는 보다 유리할 수 있다는 것이다.

이러한 관점에서 인간의 유형을 분류해 보면, 민들레형과 난초형이라는 두 가지 유형으로 구분할 수 있다. 민들레는 겨울에 줄기는 죽지만 이듬해 다시 살아나는 강한 생명력을 지니고 있다. 그런 강한 생명력이 마치 짓밟아도 다시 일어나는 백성과 같다고 하여 민초(民草)로 비유되기도 한다. 그래서 민들레형은 환경의 변화에 따라 그다지 영향을 받지 않고 일정 수준의 성취를 이룰 수 있는 유형이다.

반면, 난초는 몇 가지 종류를 제외하고는 대부분이 공생균 없이는 자연발아가 힘들고, 서식환경이 조금만 달라져도 민감하게 영향을 받는다. 이런 이유로 난초는 기르기가 매우 힘든 식물이다. 그래서 난초는 좋은 환경조건에서는 잘 자랄 수 있지만 나쁜 환경에서는 잘 자라지 못하는 성장의 편차가 크게 나타나는 식물이다.

민들레형과 난초형의 구분에서 보듯이 환경요인이 모든 아이에게 동일하게 영향을 미치는 것은 아니다. 민들레형 아동이 환경요인의 변화에 그다지 영향을 받지 않는 유형이라면, 난초형 아동은 환경요인의 변화에 민감하게 영향을 받는 유형이다. 그래서 적절한 환경이 주어지면 보다 탁월한 성취를 보일 수 있지만, 그렇지 못할 경우 자신의 능력을 제대로 발휘조차 못하게 된다. 환경의 변화에 따른 민감성의 차이로 인해 난초형 아동은 생존을 위해 보다 안정적인 환경을 필요로 하는 유형이다.

이러한 환경요인 가운데 대표적인 것이 바로 부모의 양육태도이다. 개인이 가지고 있는 유전인자가 외형적으로 드러날 것인지 말 것인지, 유전자의 발현을 억제하거나 촉진하는 요인으로서 부모의 양육태도가 주목을 받고 있다. 부모의 양육태도가 모든 아이에게 동일하게 영향을 미치는 것은 아니며, 환경의 영향에 민감한 난초형 아이일수록 부모의 양육태도가 더 중요한 의미를 갖는 것으로 볼 수 있다.

기질 유형에서 까다로운 기질은 바로 난초형에 비유할 수 있을 것이다. 까다로운 기질의 아이에게 부모가 반응을 잘해 주면 오히려 문제를 일으키지 않고 잘 자라지만, 반응성이나 민감성이 떨어질 경우 문제행동을 유발할 가능성이 다른 기질 유형의 아이들보다 커진다. 다른 기질 유형과는 달리 특히 까다로운 기질의 아이는 부적절한 양육을 받은 경우에는 문제아로 발전할 가능성이 커지지만, 적절한 양육을 받은 경우에는 아무런 문제도 보이지 않을 뿐 아니라 오히려 긍정적이고 바람직한 방향으로 성장할 수도 있다. 부모의 양육태도가 주목을 받는 이유도 바로 이처럼 양육태도에 따라 동전의 양면과도 같은 상반되는 결과를 초래할 수 있기 때문이다.

🐝 하나의 팀워크, 부모역할

모든 행복한 가족은 서로 닮은 데가 많다. 그러나 모
든 불행한 가족은 그 자신의 독특한 방법으로 불행
하다.

– 레프 톨스토이 –

작은 일이라도 힘을 합치면 훨씬 수월하다는 의미로 '백지장
도 맞들면 낫다.'는 속담이 있다. 백지장도 맞들면 나은데 자식
농사는 말할 필요도 없을 것이다. 자식농사에서만큼은 각자 방
법은 달라도 자식이 잘되기를 염원하고 정성을 기울이는 데에
는 뜻을 달리할 수가 없다. 그래서 우리는 하나의 팀으로서 한
마음으로 기능하는 가족을 흔히 한 척의 배에 비유하여 '한 배를
탄 가족'이라고 한다.

북극점을 탐험한 피어리 선장의 이야기는 하나의 팀으로서
가족의 중요성을 잘 보여 준다. 어느 날 피어리 선장은 북극점
을 향해 쉬지 않고 밤새워 썰매를 몰았다. 그리고 다음날 아침

북극점을 탐험한 피어리 선장은 북극점을 향해 쉬지 않고 밤새워 썰매를 몰았다. 그런데 다음날 아침 자신이 위치한 곳은 어제보다 더 남쪽이었다. 바로 남쪽으로 떠내려가고 있는 빙하 위에서 계속 북쪽을 향해 썰매를 몰아갔던 것이다(사진 출처: http://blog.naver.com).

자신이 위치한 곳을 확인해 보니 어제보다 더 남쪽이라는 사실을 알게 되었다고 한다. 왜 그런 일이 일어났을까? 바로 남쪽으로 떠내려가고 있는 빙하 위에서 계속 북쪽을 향해 썰매를 몰아갔던 것이다. 피어리 선장의 이야기는 자식농사에 가족이 미치는 영향을 은유적으로 표현해 주고 있다. 아이들에게 있어 가족은 바로 떠내려가고 있는 빙하에 비유할 수 있을 것이다. 문제행동을 보이는 아이가 상담기관에 다니면서 상당 부분 호전되어 치료를 중단하게 되면 얼마 지나지 않아 다시 예전의 문제행동이 재발하는 경우를 종종 볼 수 있다. 바로 피어리 선장이 썰매를 몰았던 빙하처럼 아이는 상담기관에서 치료를 받아 호전되었지만, 그 아이가 속해 있는 문제행동을 유발하는 가족이라는 환경 자체가 변하지 않았기 때문이다.

부모들은 흔히 "우리 아이가 왜 이런 행동을 보일까요?"라는 질문을 많이 한다. 질문의 이면에는 자녀가 보이는 문제가 가족구성원과는 아무런 관련이 없다는 논리가 깔려 있다. 가정환경에 문제를 유발하는 요인이 전혀 없는데, 우리 아이가 왜 이러한 행동을 보이는지 이해하기 어렵고, 어떻게 하면 자녀의 문제가 해결될 수 있을지에 대한 응답을 기대한다. 자녀의 문제행동이 부부갈등 때문이라고 생각하는 부모들의 경우에도 부부간의 문제는 자신 때문이 아니라 배우자 때문이라고 생각한다. 그리고 고집불통인 배우자의 문제는 변화시킬 수 없는 것이라고 생각한다. 그러니 자녀를 어떻게 변화시킬 것인지에만 초점을 맞춘다. 그러나 아이들, 특히 어린아이들의 행동문제는 상당 부분 부부관계에서 비롯되는 경우가 많다. 그래서 부부관계가 변화하지 않으면 자녀의 문제는 근본적으로 개선되기가 어렵다.

어머니가 아무리 훌륭한 양육태도를 유지한다 하더라도 아버지가 그렇지 못하거나 이러한 불일치가 부부간의 불협화음으로 발전된다면 이는 부부 두 사람만의 관계에서 끝나는 것이 아니라 자녀에게 영향을 미치게 된다. 한 사람에게 생긴 변화는 마치 도미노 게임처럼 다른 가족구성원에게 영향을 미친다. 부부간에 합심하여 하나의 팀으로서 기능할 때 아이들도 제대로 자랄 수 있다. 두 부모 가운데 한 사람은 극단적으로 허용적·방임적인 태도를 보이고, 또 다른 부모는 극단적으로 한계를 설정하는 등 현저하게 차이가 나는 경우 아이들은 부모로부터 양가적인 메시지를 전달받게 되고 혼란을 느끼게 된다. 따라서 부부 간에 어느 정도의 합의점을 찾는 것은 중요한 문제이다.

살아가면서 갈등이 없는 가족은 없을 것이다. 문제는 그러한 갈등이 존재하는 것 자체가 아니라 존재하는 갈등을 지속적인 불화로 끌고 나갈 것인지 혹은 보다 건설적인 방향으로 타협을 이룰 수 있을지의 문제이다. 흔히 싸움이 일상화된 불화가족보다는 오히려 한부모만 있는 결손가족이 낫다고들 하는 것도 바로 가족 내 갈등이 자녀에게 미치는 부정적 영향이 얼마나 지대한지를 말해 주는 것이다. 하나의 팀으로 작용할 때 가족은 아이들의 성장에 긍정적인 역할을 할 수 있으며, 팀워크를 이루는 데 구심점은 바로 부모이다.

7

어떻게 키워야 할까?

7

어떻게 키워야 할까?

예로부터 자식 키우는 일은 쉽지가 않았던 모양이다. 그래서 자식 때문에 마음 상한 일이 있으면 '무자식이 상팔자'라며 푸념을 늘어놓았고, "너도 나중에 꼭 너 같은 자식 낳아 키워 봐라!"라는 뼈 있는 말로서 속상한 마음을 달랜 것이 아니겠는가! 요즈음 부모들은 더욱더 자식 키우는 일이 어렵다고 느낀다. 그래서 "요즈음 애들은 유난해."라는 말로 부모로서의 어려움을 토로해 보기도 한다.

예나 지금이나 부모역할이 어렵기는 마찬가지일 것이다. 미래를 예측하기 어려운 정보화 사회, 데이터 사회에서 부모역할은 또 다른 도전으로 다가오고 있다.

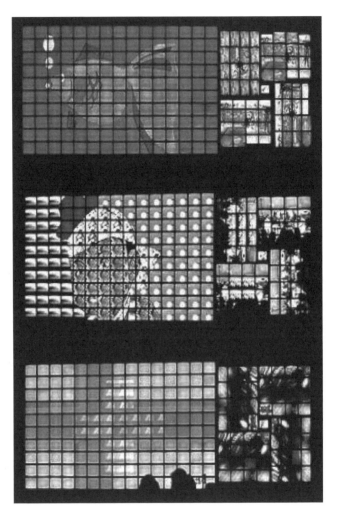

백남준의 '메가트론 매트릭스'

네트워크 사회에서는 환경의 의미가 달라지고 있다. 모든 사람이 네트워크를 통해 연결되어 있다. 무수히 많은 텔레비전 모니터로 연결된 메가트론 매트릭스처럼. 네트워크를 통해 연결되는 많은 관계는 물리적으로 존재하던 환경의 경계를 무너뜨려 버렸다. 부모가 통제할 수 있는 여지가 그만큼 줄어든 것이다.

🐾 흔들리는 팀워크, 무너지는 경계

> 가족 내에는 연합하고자 하는 연합성과 분리하고자
> 하는 개별성이 존재하며, 이 두 힘이 균형을 이루고
> 있을 때 가족은 가장 이상적이다.
>
> – 머레이 보웬 –

가장 편안한 가족의 모습은 무엇보다도 부부간에 화목한 가족의 모습이다. 부부관계에 문제가 있는 경우 아이들은 크든 작든 문제행동을 보인다. 특히 어린아이들의 경우, 문제의 상당 부분은 부모와의 관계에서 비롯된 경우가 많다. 그러나 안타깝게도 현실은 부부간 불화가 증가하면서 무늬만 부모인, 부부인 가족이 많아지고 있다. 하나의 팀으로서 가족이 흔들리고 있는 것이다.

부부간의 불화로 인해 빈번하게 나타나는 문제 가운데 하나는 부모와 자녀세대 간 경계가 무너지는 것이다. 가족 내에는 부부관계, 형제관계 등 몇 개의 하위체계가 존재하며, 아이들이

제대로 성장하기 위해서는 이들 하위체계 간에 적절한 경계를 필요로 한다. 적절한 경계 속에서 아이들은 안정감을 느끼며 편안하게 성장할 수 있다. 가족 내 경계에 문제가 생기는 가장 빈번한 경우가 바로 삼각관계이다. 삼각관계는 부부간 불화를 감소시키거나 자신에게 유리한 방향으로 이끌고 나가기 위한 수단으로 부부관계에 자녀를 끌어들이는 것이다. 자녀를 끌어들여 중간에서 부부간 의사소통을 중재하는 역할을 하게 하거나 자녀를 자기편으로 끌어들여 상대 부모를 비난하거나 자신을 정당화시키는 데 일조를 하게 한다. 이러한 경우 자녀는 한쪽 부모를 선택해야 하는, 또 선택하지 않은 부모로부터는 애정을 박탈당할 수밖에 없는 딜레마 상황에 직면하게 된다. 갈등이 없는 상황에서도 아이들은 "엄마가 좋아, 아빠가 좋아?"라고 부모들이 무심코 물어보는 말에 부모의 눈치를 본다. 하물며 갈등상황에서는 이론의 여지가 없을 것이다.

우리나라에서 특징적으로 나타나는 자궁가족도 바로 부모와 자녀 간 경계가 무너져 모자공생관계가 형성되는 대표적인 경우이다. 자궁가족은 아버지와 소원한 관계를 유지하고 있는 어머니를 중심으로 자녀와 어머니가 똘똘 뭉쳐 동맹관계를 형성하는 것이다. 이 가족에서 아버지는 당연히 따돌림의 대상이 되

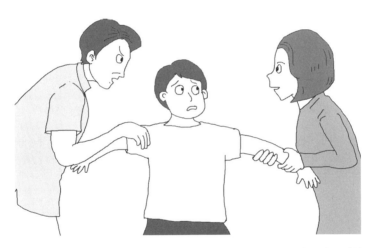

가족 내 경계에 문제가 생기는 삼각관계가 형성되면, 부모는 부부간 불화를 자신에게 유리한 방향으로 이끌고 나가기 위해 부부관계에 자녀를 끌어들이게 된다.

고, 자녀들과의 교류도 없다. 자궁가족에서 자녀들은 어머니의 눈을 통해, 어머니가 비추어 주는, 어머니라는 거울에 반영된 아버지의 모습을 바라보고 아버지를 평가하게 된다. 자궁가족 내에서도 특히 모녀간에는 모자간보다 더 강한 동맹관계가 형성된다. 그래서 요즈음 딸들의 이상적인 남편감은 '우리 아버지 같지 않은 사람'인 경우가 많다. "너희 아버지 같은 사람하고 결혼하지 말라."는 어머니의 푸념이 학습된 결과이다.

부모자녀 세대 간 경계가 무너지는 또 다른 경우는 '부모화'이다. 부모화는 부모로부터 도움을 받아야 하는 어린 나이에 자녀가 부모역할을 떠맡아 오히려 부모에게 도움을 주는 것을 말한다. 부모화는 부모 자신이 성인으로서 자신이 직면한 어려움을 혼자 힘으로 극복해 나가지 못하고, 마치 자녀가 부모에게 도움을 청하듯 부모가 자녀에게 도움을 청하는 상호작용이 이루어지는 것이 특징이다. 자녀가 부모에게 도움을 청하는 여느 가족과는 달리, 부모가 자녀에게 도움을 청하게 되면 결과적으로 자녀는 어린아이로서 도움을 받고 싶고, 사랑을 받고 싶은 발달상의 욕구를 포기할 수밖에 없게 된다.

'애는 애 다워야 예쁘다.'고 한다. 어린아이들은 이것저것 눈치 보지 않고 순진한 모습 자체로서 사랑스러운 존재이다. 그런데 '애어른'이라는 말처럼 어른 같은 아이가 있다. 부모로부터 어른스러운 역할을 요구받아서 부모화가 일어난 것이다. 부부 관계에 문제가 있으면 이러한 문제에 에너지를 소진하느라 부모는 어린아이로서 자녀의 발달상의 욕구를 미처 헤아리지 못할 뿐 아니라 오히려 자녀에게 의지하는 일이 생기게 된다. 애어른은 말 그대로 애가 어른 같이 의젓하게 행동한다는 의미도 있지만, 애처럼 행동하면 사랑을 받지 못하니까 어쩔 수 없이 어른처럼 행동할 수밖에 없다는 의미도 담고 있다. 또한 부모가 애 같기 때문에 자녀가 할 수 없이 어른 역할을 할 수밖에 없었다는 의미를 담고 있기도 하다. 어떤 의미이든 애어른은 어린아이가 자신의 욕구를 희생한 대가로 만들어지는 셈이다.

사람에게는 누구나 인정받고 싶은 열망이 있다. 특히 생존을 위해 부모의 관심을 필요로 하는 어린아이들의 경우에는 더욱더 그러하다. 아무리 물리적 환경이 적절하게 구비되었다 하더라도 지속적인 부부갈등과 같은 심리적 환경에 문제가 있는 경우, 아이들은 자신의 발달을 위해 사용할 에너지를 부모의 사소한 행동 하나하나에 신경을 쓰거나 눈치를 보는 데 소진하게 된다. 부모의 인정을 받기 위한 방편으로 오히려 부모의 문제에 집중하게 되는 것이다. 그래서 삼각관계가 형성되고, 부모화가

부모화는 부모가 성인으로서 자신의 문제를 혼자 힘으로 극복해 나가지 못하고, 마치 자녀가 부모에게 도움을 청하듯 부모가 자녀에게 도움을 청하는 것이 특징 이다.

이루어지게 된다.

　어른이 어른 같으면 굳이 애어른이 생길 필요가 없을 것이다. 애 같은 어른 때문에 어른 같은 아이가 생겨나는 것이다. 진정 어른다운 어른이 되는 것이 말처럼 쉬운 일은 아닐 것이다. 그러나 조금만 노력한다면 적어도 어른들의 불화나 갈등에 자녀를 끌어들이지 않는 것까지는 가능하지 않을까 싶다.

🦘 캥거루족과 연어족

자식이나 아내에 대한 집착은 마치 가지가 무성한
대나무가 서로 엉켜 있는 것과 같다. 죽순이 다른 것
에 달라붙지 않도록, 무소의 뿔처럼 혼자서 가라.

– 숫타니파타 –

부모가 자녀에게 줄 수 있는 두 가지 선물이 뿌리와 날개라는
말이 있다. 자녀가 기댈 수 있는 든든한 뿌리를 제공해 주고, 독
립하여 훨훨 날아갈 수 있는 날개를 달아 주는 것이 부모의 중요
한 역할이라는 의미일 것이다. 아이들은 성장과정에서 언제든
지 힘들면 의지하고 기댈 수 있는 든든한 뿌리에 대한 욕구를 가
지고 있으면서 동시에 혼자 이 세상을 마음껏 비상하고자 하는
독립의 욕구를 가지고 있다.

마치 어미 주머니 속에서 함께 살아가는 캥거루새끼처럼 어
린 아기들은 자신을 부모와 분리된, 독립된 존재라고 인식하지
못한다. 자기인식이 생기기 시작하면서 점차 자신이 독립된 개

체라는 인식을 갖게 되지만, 그렇다고 해서 독립할 채비가 된 것은 아니다. 아이들이 신체적·정신적으로 독립된 개체로 살아가기 위해서는 발달단계에 맞게 차근차근 준비가 이루어져야 한다. 이러한 준비는 비단 자녀에게만 국한된 것은 아니다. 부모도 마찬가지로 준비가 필요하다. 지금까지 부모에게 의존하던 자녀는 독립적으로 혼자 힘으로 해결해 나갈 수 있는 방향으로 점차 무게중심이 옮겨 가야 할 것이고, 도움을 주던 부모는 자녀가 혼자 힘으로 해결해 나갈 수 있도록 점차 도움을 줄여 나가는 방향으로 무게중심이 옮겨 가야 할 것이다.

부모에게 전적으로 의존할 수밖에 없는 영아기에는 편안하게 기댈 수 있는 안전기지로서의 역할이 필요했다면, 걸음마를 하게 되면 혼자 힘으로 무언가를 해낼 수 있도록 자율성을 북돋아 주는 역할이 필요할 것이다. 또한 유아기에는 주변환경을 주도적으로 탐색할 수 있도록 격려해 주고, 아동기에 이르러서는 홀로 날기 위한 능력을 열심히 갈고닦도록 격려해 주는 것이 필요하다. 마침내, 청년기에 이르러서는 독립적으로 날개를 달고, 이제 부모가 아닌 함께 날아갈 동반자를 탐색할 수 있도록 준비를 시켜나가는 것이 필요하다. 이처럼 자녀가 어릴 때에는 뿌리에 대한 욕구를 충족시켜 주는 것에 보다 치중하지만, 성장하면서는 점차

어미 배 속에서 생활하는 캥거루 새끼처럼 성인이 되어 독립할 나이가 되었는데도 독립하지 않고 부모에게 경제적으로 의존하는 캥거루족의 증가는 심각한 사회문제로 대두되고 있다.

날개에 대한 욕구를 충족시켜 주는 것으로 무게중심을 옮겨서 마침내 독립해 나가도록 도와주는 것이 부모의 역할이다.

우리 전통양육에서도 출생 이후 세 살까지를 '젖아기'라고 하여 무조건적이고 절대적인 보호의 대상으로 간주하였다. 이 시기의 아이들은 약하고, 깨이지 않은 존재로 생각해서 가능한 한 아이들의 욕구를 들어주었다. 전적으로 뿌리의 욕구를 충족시켜 주는 것을 강조한 것이다. 그러나 유아기가 되면 '세 살 버릇 여든까지 간다.'는 속담에 따라 기본적인 생활습관이나 예절을 가르치기 시작하였다. 젖아기 때와는 달리 무엇이든 원하는 바대로 다 들어주는 것이 아니라 날개를 달아 주기 위한 기초적인 능력을 길러 주고자 한 것이다. 그러다가 일곱 살이 되면 '남녀 칠세부동석'이라는 말처럼 남아와 여아를 분리시켜 남아는 아버지에게 글자나 농사짓는 방법을, 여아는 어머니에게 길쌈이나 집안일을 배웠다. 유아기에 비해 보다 강도 높게 날개를 달고 날아갈 준비를 시킨 것이다. '미운 일곱 살'이라는 표현은 바로 이전과는 달리 강도 높은 훈육이 이루어지고 양육방식이 갑자기 엄하게 변하는 데 따른 아이들의 반항 심리를 반영하는 것이다. 이처럼 부모역할은 자녀가 독립된 개체로 살아갈 수 있도록 훈련시켜 점차 손을 떼고, 궁극적으로는 떠나보내는 것이다.

그런데, 떠날 생각을 하지 않는 자녀들이 많아지고 있다. 또 떠났다가도 돌아올 생각을 하는 자녀들이 많아지고 있다. 바로 캥거루족과 연어족이다. 지구상의 동물 가운데 인간처럼 의존 기간이 긴 동물은 찾아보기 어렵다. 다른 동물들은 수 주 혹은 수개월 만에 혼자 움직일 수 있고 자기 스스로의 힘으로 먹잇감을 구한다. 그런데 인간은 겨우 걸음마를 하는 데에만 일 년이 걸린다. 요즈음처럼 대학공부에, 해외어학연수에, 게다가 취업을 위해 대학 4학년을 몇 년씩 하다보면 서른이 가까워져서야 제 밥벌이를 한다. 캥거루족이나 연어족 등의 단어는 그마저도 장담하지 못하는 세태를 반영하는 것이다.

자녀들은 왜 떠나지를 못하는 것일까? 아니면 떠날 생각을 하지 않는 것일까? 떠나지 못한다면 다분히 시대나 상황의 탓으로 돌릴 여지가 많다. 작금의 극심한 취업난이 자녀를 떠나지 못하게 만드는, 떠나기 어렵게 만드는 요인으로 작용하고 있음은 부인할 수 없는 사실이다. 그러나 떠날 생각을 않는다면, 떠났다가도 걸핏하면 돌아올 생각만 한다면, 여기에는 분명 홀로서기를 위한 준비가 부족했고, 홀로서기가 두려운 탓이 클 것이다. 자녀가 안쓰러워 혹독하게 분리시키지 못한 것도 일조를 한 것은 아닐지 생각해 볼 필요가 있을 것이다.

🐌 관심 끌기, 잘못된 행동목표

사회적 동물로서 인간은 소속감을 필요로 하며, 소
속감을 느끼지 못하면 아이들은 관심 끌기라는 잘
못된 행동목표를 설정한다.

– 루돌프 드라이커스 –

'왜 우리 아이가 저런 행동을 할까?' 그 원인을 파악하고자 할 때 가장 먼저 생각해 보아야 하는 문제 가운데 하나는 관심 끌기 이다. 그만큼 관심 끌기는 약방의 감초처럼 가장 빈번하게 나타 나는 문제행동의 원인 가운데 하나이다. 사회적 동물로서 인간 은 인정이나 칭찬을 받는 것과 같은 긍정적인 방법으로 타인의 관심을 끌고자 한다. 그러나 그러한 긍정적인 방법으로 타인의 관심을 끌 수 없다고 생각하는 아이들은 부정적인 방법으로라 도 관심을 끌고자 한다. 관심을 받지 못하고 무시당하는 것보다 는 차라리 야단을 맞더라도 관심을 끄는 편이 낫다고 생각하기 때문이다.

성장과정에서 아이들은 크고 작은 많은 문제행동을 보이며, 또 보일 수밖에 없다. 그 가운데 어떤 문제는 부모가 관심을 보이지 않으면 언제 그랬느냐는 듯이 자연스럽게 수그러든다. 그런데 부모들은 영락없이 아이들이 보이는 문제행동에 관심을 보인다. 부모의 관심을 받기 위해 문제행동을 보였는데, 자녀의 의도대로 부모가 관심을 보여 주니 그 문제행동은 눈덩이처럼 커질 수밖에 없다. 아이들은 부모로부터 마땅히 관심을 받아야 하고, 부모가 자녀에게 관심을 보이는 것은 지극히 당연한 일이다. 그러나 잘못된 행동목표에 관심을 보이면 오히려 문제행동을 악화시키는 결과를 초래하게 된다.

요즈음 부모들이 가장 어려움을 호소하는 문제 가운데 하나가 섭식문제이다. 그리고 섭식문제의 주된 원인 가운데 하나도 바로 관심을 끌기 위한 것이다. 먹을 것은 귀하고 형제는 많았던 시절에는 밥을 안 먹는다는 것은 좀처럼 보기 드문 일이었다. 매 끼니마다 자녀가 밥을 먹었는지 안 먹었는지 부모가 일일이 관심을 보이는 것이 불가능하였을 뿐 아니라, 밥을 안 먹으면 먹성이 좋은 다른 형제가 자신의 몫까지 먹어 치워 버리니 자기만 손해였던 것이다. 게다가 먹을거리 자체가 그다지 넉넉한 것도 아니었고, 딱히 대체할 다른 먹을거리도 없었으니 형제가 많은 가정에서는 안 먹기는커녕 오히려 음식을 두고 형제간에 경쟁을 하는 쟁탈전이 벌어졌다. 그러나 자녀 수가 적어지면서 음식을 두고 경쟁할 형제도 없고, 자신이 먹는 음식에 부모가 지대한 관심을 쏟고 있다는 사실을 알고 있는 요즈음 아이들은 굳이 순순히 먹을 필요가 없어진 것이다. 이러한 상황에서 부모가 지나치게 한 숟가락 더 먹이는 것에 신경을 쓰다 보면 아이들은 자신을 위해 밥을 먹는 것이 아니라 부모를 위해 먹어 주는 것으로 생각한다. 그래서 아이들은 밥 안 먹는 것을 일종의 시위 수단으로 사용한다. 관심을 보이면 보일수록 아이들은 먹는 것을 먹어 주는 것으로, 관심 끌기의 수단으로 사용한다.

배변문제도 마찬가지이다. 배변문제에서 보이는 퇴행행동은 특히 관심 끌기가 주된 원인이다. 퇴행행동이란 이미 특정한 발달수준에 도달한 행동이 과거의 수준으로 되돌아가는 것을 의미한다. 즉, 대소변을 잘 가리던 아이가 갑자기 가리지 못했던 과거의 상태로 되돌아가는 가는 것을 말한다. 동생이 태어나면서 부모의 관심을 빼앗겼다고 생각하는 아이가 빼앗긴 부모의 관심을 다시 찾기 위해 어린아이처럼 배변 실수를 하는 것이다. 배변 실수를 하면 부모의 꾸중을 듣게 될 것이고, 부모의 나무라는 행동은 아이들이 받고 싶은 긍정적인 형태의 관심은 분명 아니다. 그러나 자신이 받고 싶은 긍정적인 형태의 관심은 아닐지라도 퇴행행동은 어쨌든 야단을 맞는 부정적인 형태로나마 관심을 끌 수 있는 수단이 된다. 또한 물건을 훔치는 것과 같은 다른 문제행동도 마찬가지이다. 부유한 가정에서, 사 달라고 하면 부모가 어련히 알아서 다 사 주었을 것을, 굳이 위험을 무릅쓰고 남의 물건을 훔치는 것은 관심을 끌기 위한 것이 주된 이유이다. 이처럼 무수히 많은 문제행동의 배후에는 관심 끌기라는 잘못된 행동목표가 있다.

관심 끌기가 문제행동의 주요인이라고 생각될 경우 이에 대한 대응책은 관심 중단, 즉 무시하는 것이 가장 바람직한 방법이다. 자녀가 밥을 안 먹겠다고 하면 그에 대한 가장 바람직한 대응방법은 자녀의 안 먹는 행동에 전혀 관심을 보이지 않는 것이다. 자녀의 안 먹는 행동에 전혀 감정적으로 동요하지 않고, 배가 고파 먹고 싶을 때 먹도록 하면 된다. 또한 퇴행행동이 나타나더라도 나무라기보다는 오히려 아무런 관심을 보이지 않고 조용히 처리해 주는 것이 바람직하다. 대신 문제행동과 상반되는 바람직한 행동이 나타나면 그 행동에 관심을 보여 주는 것이 효과적이다. 그런데 관심 끌기의 수단으로 밥을 먹지 않는 자녀에게 부모들은 관심을 보이지 않기는커녕 오히려 엄청난 관심을 보인다. 밥을 안 먹는 아이 자신보다도 부모가 더 속이 타서 수시로 "배 안 고프니?" 혹은 "입맛이 없으면 다른 것 먹을래?" 등 끊임없이 관심을 보인다. 문제행동을 통해 부모의 관심을 얻는 데 성공하면 이후에는 문제행동이 더욱더 빈번하게 나타날 것임은 불 보듯 빤한 이치이다.

바쁜 현대사회에서 부모들은 자녀에게 관심을 쏟을 시간적 여유가 없다. 그러나 부모가 관심을 쏟을 여유가 없다고 해서 관심을 받고자 하는 아이들의 욕구 자체가 사라지는 것은 아니다. 이 욕구가 충족되지 않으면 아이들은 부모가 보여 주지 않는 관심을 억지로라도 보이도록 하기 위해 문제행동을 보이게 된다. 그러면 부모는 지금까지 시간이 없다는 핑계로 보이지 않던 관심을 자녀가 보인 문제행동 때문에 한꺼번에 보이게 된다. 미리 관심을 보였으면 문제행동이 일어나지도 않았을 것을, 순서가 뒤바뀐 것이다. 일단 문제행동이 나타나면 자녀가 보인 문제행동에는 관심을 보이지 않고 무시하는 것이 좋다. 그리고 사전에 자녀의 관심받고 싶은 욕구조차 무시하고 있지는 않은지 살펴보아야 할 것이다.

🌸 부모자녀관계의 대역전, 소황제증후군

먹을 것이 귀하던 시절, 항상 자식들에게는 생선살
을 발라 주고 엄마는 생선머리만 먹었더니, 자식은
엄마가 정말로 생선머리만 좋아해서 먹는 줄 알았
단다. 그래서 결혼하여 엄마가 좋아하는 생선머리
만 잔뜩 보내 왔단다.

– 구전 이야기 –

전통사회에서 부모자녀관계는 어디까지나 상하관계였다. 부
모는 위, 자녀는 아래에서, 부모가 명령하고 자녀는 따르는 것이
보편적인 모습이었다. 그러나 이러한 부모자녀관계에서 대역전
이 일어나고 있다. 자녀가 명령하고 부모가 따르는, 자녀는 황
제처럼 군림하고 부모가 시중을 드는 모습이 나타나고 있다. 소
위 말하는 소황제증후군이다. 소황제증후군은 부모와 조부모,
외조부모라는 여섯 명의 어른이 한 명의 자녀만 바라보고 모든
것을 헌신하고 과잉보호하면서 자녀가 그야말로 황제처럼 군림

하게 된 것을 의미하는 용어이다.

'맞벌이 한자녀가족(double-income one-kid families: DIOKs)'이 증가하면서 소황제증후군은 더욱더 문제로 부각되고 있다. 맞벌이 한자녀가족은 경제적으로는 여유가 있어 물질적으로는 호사를 누리지만 자녀양육에 투자하는 시간은 상대적으로 부족하다. 또한 자녀가 한 명이다 보니 자녀가 너무도 소중하고, 부모와 장시간 떨어져 생활하는 아이가 안쓰러워 원하는 것은 모두 다 들어주다 보니 자녀의 행동에 한계를 설정해 주는 데 소홀하다. 그래서 자신의 행동을 통제하는 것이 미숙한 아이들이 보이는 행동증후군을 지칭하는 소황제증후군이 문제로 부각되는 것이다.

통제능력이 부족한 아이들은 참을성이 없다. 갖고 싶은 것, 원하는 것이 있으면 참지 못하고 무조건 떼를 쓴다. 떼쓰는 행동은 자신이 원하는 것을 얻기 위한 수단으로 성장과정에서 아이들이 빈번하게 사용하는 방법이다. 부모들은 떼쓰는 행동을 처음에는 '애들이 워낙 그렇지, 뭐!'라며 대수롭지 않게 생각한다. 그러나 이러한 행동을 지속적으로 강화해 주게 되면 마침내는 부모가 감당하기 어려울 만큼 걷잡을 수 없는 수준으로 발전한다.

소황제증후군은 부모와 조부모, 외조부모라는 여섯 명의 어른이 한 명의 자녀에게 헌신하고 과잉보호하면서 자녀가 황제처럼 군림하게 된 것을 의미한다.

아이들이 무언가를 요구하면서 떼를 쓸 때 부모가 안 된다고 거절하고 관심을 보이지 않는다고 해서 바로 포기하는 아이들은 별로 없다. 대부분은 부모가 관심을 보이지 않고는 도저히 안 될 수준으로 자지러지게 울어 대며 떼를 쓴다. 자신이 원하는 것을 얻기 위해 도저히 부모가 감당할 수 없을 정도로 강도 높은 떼를 쓰는데, 이러한 반응을 소멸저항이라고 한다. 처음 떼를 쓸 때는 안 된다고 했던 대부분의 부모는 이처럼 소멸저항이 극에 달하게 되면 이러다가 아이가 잘못되는 것이 아닌가 걱정이 되어, "그러면, 이번 한번만이다. 다음부터는 절대 그러지 않기로 약속했다!"고 말하며 아이의 요구를 들어주게 된다. 부모가 그러한 반응을 보이면 다음 번 소멸저항수준은 더욱더 높아진다. 그리고 이러한 반응이 반복되면 소멸저항의 강도가 점차 높아져 부모로서는 도저히 감당할 수 없는 수준에 다다르게 된다. 어떤 아이들은 분노발작으로 발전하거나 자해행동을 보이기도 한다. 그래서 예상되는 소멸저항을 극복할 자신이 없는 경우에는 애당초 자녀가 원하는 것을 용인해 주거나 다른 방법을 사용하는 것이 바람직하다.

'자식 이기는 부모 없다.'는 말이 있듯이 힘겨루기가 지속되면 승자는 대부분 자녀가 된다. 그렇게 되면 자녀는 자기 뜻대로 부모를 조종하게 될 것이다. 이와는 반대로 부모가 승자가 된다 하더라도 자녀는 자발적인 협조가 아니라 마지못해 협조하거나 부모의 말에 따르지만 마음에서 우러나와서가 아닌 반항적인 순종을 하게 될 것이다.

부모자녀 간에 수평적이고 평등한 관계가 설정되어야 함은 이론의 여지가 없다. 그러나 한계를 설정하지 않고 무조건적으로 자유를 부여하는 것이 평등한 민주적인 관계를 형성하는 것은 아닐 것이다. 한계를 설정하지 않고 너무 많은 자유를 부여한 나머지 자녀는 폭군이 되고 부모가 종 역할을 하는 일이 종종 발생하곤 한다. 평등하고 민주적인 관계를 형성하는 데 있어서 필수적인 요소는 자신의 행동에 따르는 책임을 지는 것이다. 타인의 자유를 침범하지 않고 사회적인 질서를 지키는 범위 내에서 자신의 자유를 추구하는 것이다. 이러한 능력은 적절한 한계 설정을 통해 길러지게 된다.

네트워크 사회의 부모

컴퓨터는 믿을 수 없이 빠르고, 정확하며, 어리석다.
사람은 믿을 수 없이 느리고, 부정확하며, 영리하다.
둘이 힘을 합치면 상상을 초월하는 힘을 가질 수
있다.

– 앨버트 아인슈타인 –

'맹모삼천지교(孟母三遷之敎)'는 맹자의 어머니가 맹자를 바르게 키우기 위하여 세 번이나 이사를 한 것에서 비롯된 말이다. 처음에는 묘지 가까이에 살면서 맹자가 장례 지내는 흉내를 내는 것을 보고, 다음에는 집을 시장 근처로 옮겼더니 맹자가 거리에서 물건 파는 흉내를 내는 것을 보고 이사를 한 것이다. 세 번째로 서당 가까이 집을 옮기자 맹자가 공부하는 것을 보고, 이곳에서 비로소 맹자를 키울 수 있었다고 한다. 그래서 많은 어머니들은 맹자 어머니를 좇아 좋은 환경에서 아이들을 키우고자 지금도 고군분투하고 있다.

현재 우리는 네트워크 사회에 살고 있고, 모든 사람이 네트워크를 통해 연결되어 있다. 그런데 네트워크 사회에서는 그러한 환경의 의미가 달라지고 있다. 네트워크를 통해 연결되는 많은 관계는 물리적으로 존재하던 환경의 경계를 무너뜨려 버렸다. 부모가 차단하고 통제할 수 있는 환경의 범위가 그만큼 줄어든 것이다. 부모가 아무리 좋은 환경으로 집을 옮겨 놓아도 해로운 환경의 영향을 전적으로 차단하기는 어렵다. 어떤 환경에 놓여 있다 하더라도 아이들은 인터넷, 스마트폰을 통해 외부세계와 연결되어 있기 때문이다.

인간의 삶에 주변환경이 미치는 영향을 강조한 브론펜브레너(Bronfenbrenner)는 개인을 둘러싼 주변환경을 러시아 전통인형인 '마트료시카'에 비유하여 설명하였다. 마트료시카는 다양한 크기의 인형으로 구성되어 있는데, 그 가운데 제일 작은 인형을 개인으로, 큰 인형들은 개인을 둘러싼 주변환경에 비유할 수 있다. 그리고 다양한 크기의 인형을 크기 순으로 가장 큰 인형 속에 넣었을 경우, 가장 작은 인형인 개인과 가장 가까이 있는 부모가 다른 주변환경의 영향을 다소는 조절하고 완충하는 역할을 할 수 있는 형태이다. 그러나 네트워크 사회는 이처럼 완충적인 형태로 연결되어 있는 것이 아니라 다차원적인 형태로 연결되어 있고, 이러한 개방적인 연결 형태는 예전 세대에서는 경험하지 못했던 부모역할에 대한 도전으로 다가오고 있다.

예전에는 가족여행을 가면 가족끼리 오붓한 시간을 가지면서 친밀감을 도모하는 시간을 가질 수 있었다. 그러나 네트워크 사회에서는 가족여행을 가서조차도 가족구성원들이 각기 다른 관계와 연결되어 있다. 몸은 동일한 공간에 함께 있지만, 마음은 각자의 네트워크와 연결되어 있다. 또한 학교에서 집으로 돌아오면 외부세계와 차단이 되었던 예전과는 달리, 집에 돌아와서도 시간과 공간에 구애를 받지 않고 외부세계와 연결이 이루어지고 있다.

부모자녀관계나 부부관계는 물론, 모든 인간관계가 친밀한 수준으로 발전하기 위해서는 제3자와 일정한 거리를 두고 배타적인 경계를 형성하는 것이 필수적이다. 지나치게 경계가 느슨하여 다수의 사람과 동시에 많은 관계를 형성하게 되면 관계의 폭은 넓어지지만 깊이는 그만큼 발전하지 못한다. 네트워크 사회에서 인간관계는 다수의 사람과 동시적인 관계를 형성하지만 그 관계가 면 대 면으로 이루어지는 직접적인 상호작용이 아니며, 그래서 가상적인 관계의 폭만 넓어질 뿐 관계의 깊이에는 한계가 있다. 그 결과, 안정감의 기반이 흔들리게 된다.

브론펜브레너는 개인을 둘러싼 외부환경을 러시아 전통인형인 '마트료시카'에 비유하여 개인과 가장 가까운 곳에 있으면서 많은 영향을 미치는 미시환경으로서의 부모역할을 강조하였다(상). 그러나 네트워크 사회에서는 이러한 완충적인 형태가 아니라 다차원적으로 개방적인 형태로 연결되어 있다(하).

네트워크를 통해 외부세계가 가족 내부로까지 침투해 들어오면서 경계가 허물어지고 있고, 침투해 들어오는 외부세계의 영향으로 인해 부모역할은 더욱더 어려워지고 있다. 부모가 일일이 자녀의 행동을 파악하고 멘토 역할을 수행하는 것이 점차 불가능해지고 있다. 그래서 자녀가 안전감과 소속감을 느낄 안전기지로서 부모의 역할은 네트워크 사회에서 더욱더 강조될 수밖에 없다. 또한 부모가 지시하고 조종하는 대로 움직이는 것이 아니라 어떤 환경 조건에서도 자기 혼자 힘으로, 스스로 생각하고, 판단하고, 행동하고, 그에 책임을 질 수 있는 능력이 더욱더 강조될 수밖에 없다.

🪷 불확실한 미래, 불확실한 부모역할

지금 우리는 미래를 알 수 없다. 현재와 과거의 사건
들을 연결시켜 볼 수 있을 뿐이다. 그러나 현재가 미
래와 어떻게든 연결된다는 것을 알아야 한다.

– 스티브 잡스 –

지금까지 부모세대는 지식의 원천으로서, 또 세상살이에 필
요한 지혜의 원천으로서 자녀의 삶에 영향력을 행사해 왔다. 그
래서 부모님 말씀 잘 듣고, 그에 따라 살아가면 어느 정도는 안
정적인 삶을 살아갈 수 있었다. 그러나 정보화 사회, 데이터 사
회는 이러한 삶의 패턴을 바꾸어 놓았다. 정보화 사회에서 모든
지식은 네트워크를 통해 공유되고 있다. 너무나 방대한 지식이
빠른 속도로 유입되면서 부모역할은 점점 어려워지고 있다. 자
신이 알고 있는 지식, 예전의 방식을 자녀에게 주입시키는 것의
의미가 점차 빛을 잃어 가고 있다.

무수히 많은 지식을 인터넷을 통해 공유하는 데이터 사회에서

자녀세대는 부모세대보다 더 빨리, 더 많은 정보에 접근이 가능하다. 디지털 네이티브 세대인 자녀세대는 디지털 이미그란트 세대인 부모세대에 비해 정보에 대한 접근성에서 비교할 수 없이 뛰어난 능력을 가지고 있다. 예전에는 자녀가 무언가 모르는 것이 있으면 부모에게 물어보는 시대였다면, 이제는 자녀가 모르는 것이 있어도 부모에게 물어보는 것이 아니라 인터넷을 검색하고, 오히려 부모가 자녀에게 물어보는 시대로 변해 가고 있다.

네트워크를 통해 폭발적으로 유입되는 정보로 인해 사회 변화의 속도에도 가속도가 붙었다. 농경사회와 산업사회에서도 변화는 있었지만 그 속도가 느려서 다가올 사회가 어느 정도 예측이 가능한 상황이었다. 그러나 정보화 사회, 데이터 사회에서 변화는 그 속도가 너무나 빨라 따라잡기조차 힘든 지경이다. 자녀들이 성장하여 어떤 직업에 종사할지도 모르는 상황에서 자녀들을 가르치고 있는 것이다. 교육 당국조차도 미래를 내다보는 거시적인 교육계획이 아니라 너무나 빠르게 변화하는 사회 변화를 따라잡기 위한 교육계획을 수립하는 데 급급한 실정이다. 그러다 보니 학교에서 학생을 가르쳐 놓으면 이미 그 학생들이 사회에 발을 내딛는 시점에서는 사회가 그러한 사람을 필요로 하지 않는다. 어느 누구도 종사해 본 적이 없는, 아직 생기지도 않은 직업을 준비하도록 학생들을 가르치고 있는 상황이다.

그러다 보니 부모의 말이 점차 설득력을 잃어 가고 있다. 자녀들은 "왜 우리가 성공과 관련도 없는 시험 위주의 구식 교육을 받아야 하는가?" "왜 지루한 수업을 받으며, 교실에 앉아 있어야 하는가?" "인터넷만 검색하면 찾아볼 수 있는 간단한 사실을 왜 암기해야 하는가?"라고 항의하고 있다. 나아가 기성세대의 가치를 송두리째 폄하하고 있다. 그러나 자녀세대는 많은 정보를 받아들이고 있지만 정작 이러한 정보가 갖는 의미나 사용처를 이해하지 못한다. 단편적인 정보만 나열되어 있는 정보의 바다에서 허우적거릴 뿐이다.

흔히들 21세기를 통합의 시대라고 한다. 아무리 방대한 정보가 존재한다 하더라도 낱낱이 흩어진 상태의 정보는 쓸모가 없다. '구슬이 서 말이라도 꿰어야 보배'라는 말처럼 단편적인 지식을 체계화하고 꿰어서 하나의 통합적인 지식체계를 제공해 주는 작업이 필요하다. 그래서 학문분야에서도 융·복합이라는 단어들이 수없이 등장한다. 부모의 역할은 바로 아이들이 인터넷에서 얻은 방대한 정보를 어떻게 무엇을 위해 사용할 것인지에 대한 통합적인 가이드라인을 제시해 주는 것이다. 방대한 정보에 대한 통합적 이해와 접근이 없이는 아무리 많은 정보가 널려 있다 하더라도 소용이 없다.

　최근 정보화 사회라는 이름에 걸맞게 부모역할을 스마트폰이라는 기기에게 넘겨주어 스마트폰이 아이돌보미의 역할을 하는 경우를 종종 보게 된다. 아직 뇌가 완전히 발달되지 않은 어린아이들에게 처리 용량이 넘칠 정도로 지나치게 과다한 자극이 주어지면 치명적 장애가 생기며, 이는 치료가 거의 불가능하다. 비디오증후군도 결국 텔레비전이나 비디오의 과다 시청으로 자극적인 영상에 지속적으로 노출됨으로써 겪게 되는 발달장애인 것이다. 이런 면에서 스마트폰이 인기 있는 아이돌보미로 자리 잡고 있는 현실은 상당히 우려스러운 일이다. 우선은 아이가 보채지 않고 아이 돌보기가 편하니까 육아부담을 덜어 주는 도구가 될 수 있지만 지속적으로 노출시킬 경우 심각한 문제를 초래할 수 있다.

　사람의 성장과정에는 사람과의 상호작용이 필수적이다. 발성기관에 아무런 문제가 없어도 부모가 말을 못하면 아이는 말을 배울 수가 없다. 텔레비전이나 비디오 등 다른 매체를 통해 아이에게 말을 배울 기회를 충분히 제공한다 하더라도 언어발달이 이루어지지 않는다. 텔레비전이나 비디오는 일방적으로 소리를 생성해 낼 뿐 아이의 반응, 아이와의 상호작용에는 관심이 없기 때문이다. 사람과의 상호작용은 이와는 다르다. 한쪽에서 소리를 내면 그에 적절한 반응을 해 주며, 이 반응이 바로 아이에게 강화자극으로 작용하게 된다.

예전과 같이 미래의 교육이 읽기(reading), 쓰기(writing), 셈하기(arithmetic)의 3R 위주로 이루어지지는 않을 것이다. 그렇다고 해서 기본적인 정보나 지식기반이 불필요하다는 것은 더더욱 아닐 것이다. 기본적인 지식기반은 정보의 통합적 이해를 용이하게 해 준다는 점에서 체계적인 교육의 필요성은 분명 존재한다. 그러나 방법은 분명 달라져야 할 것이다. 최근 교육의 흐름은 3R에서 4C의 시대로 넘어가고 있다. 4C란 창의성(Creativity & Innovation), 비판적 사고와 문제해결(Critical thinking & Problem solving), 협력(Collaboration), 의사소통(Communication)을 말한다. 방대한 정보를 바탕으로 문제해결을 위한 새롭고 창의적인 방법을 발견하고, 비판적으로 생각하고, 다른 사람과 협력하고 효율적인 의사소통을 통해 새로운 상황에 잘 적응하는 능력이 필요하다.

이러한 능력을 향상시키는 데 있어 최적의 장소는 가정이며, 그 주도적인 역할을 담당하는 사람은 부모이다. 시대 변화를 수용하고 융통성 있는 태도만 견지한다면, 과거와 미래를 연결시켜 주는 연결고리로서 부모역할은 정보화 사회, 데이터 사회에서 더욱더 빛을 발할 것이다.

에필로그

　부모역할을 통해 우리가 얻은 것은 무엇이고 잃은 것은 무엇일까? 외형적으로 드러나는 얻은 것은 별로 없는 듯하다. 얻기는커녕 비용과 시간 등 엄청난 손해를 본 것 같다. 그런데도 여전히 사람들은 부모가 되고자 한다. 아이를 키우고 싶어 한다. 결혼은 하지 않아도 아이는 갖고 싶어 하는 '비혼모(非婚母)' '비혼부(非婚父)'처럼 극단적인 경우도 있다. 남편도 필요 없고, 아내도 필요 없고, 오직 자식만 필요한 것이다. 자식을 낳아 어머니가 되어 보고 싶고, 아버지가 되어 보고 싶은 것이다.

　왜 이렇게 부모가 되고 싶어 할까? 혹자는 그 이유를 자기 유전자를 보존하기 위한 방편이라고 하고, 또 혹자는 사랑을 나누어 주고자 하는 이타주의적 생각이나 자기성장의 방편이라고 하는 등 많은 이유를 언급한다. 부모가 되고자 하는 이유가 이처럼 차이가 있듯이 자신의 부모역할에 대한 평가에도 차이가 있다. 이 세상에 태어나서 자신이 가장 잘한 일이 자식 낳아서 키워 놓은 것이라고 말하는 사람이 있는가 하면, '무자식이 상팔자'라는 말을 믿어 의심치 않는 경우도 있다. 또한 키워 놓으면 많을수록 좋은 것이 자식이라고 말하는 사람이 있는가 하면, 하나만 낳길 잘했다고 말하는 사람도 있다. 자식 키우는 일의 즐거움과 어려움을 모두 담고 있는 말이다.

어떤 말이 진실인지 시시비비를 따질 필요도 없이 이러한 평가는 자신이 왜 부모가 되고자 했으며 자녀에 대한 가치를 어디에 두었는가와 직결될 것이다. 도구적인 동기가 강한 부모였다면 자식이 기대한 바대로 성장해 주었다면 부모역할을 의미 있게 평가할 것이고, 그렇지 못했다면 부질없는 헛수고로 평가할 것이다. 그렇지 않고 사랑을 나누고자 하는 이타적인 동기가 강한 부모였다면 장성한 자녀의 모습을 통해 얻은 것이 많다고 평가할 것이다.

이러한 생각의 차이를 반영하듯, 이 세상에서 가장 보람 있고 즐거움을 주는 일을 꼽아 보라고 한다면, 또 가장 어렵고 뜻대로 되지 않는 일을 꼽아 보라고 한다면, 많은 사람은 주저하지 않고 자식 키우는 일을 꼽는다. 하나의 세포에서 시작하여 십 개월 만에 인간의 형상을 두루 갖춘 아이를 출산하였을 때의 벅찬 심정을 어디에 견줄 수 있겠는가! 또 출생 이후 하루도 거르지 않고 색다른 묘기를 보여 주었을 때의 기쁨을 어디에 견줄 수 있겠는가! 장성한 자식의 모습을 바라볼 때의 뿌듯한 마음을 어디에 견줄 수 있겠는가! 그런가 하면 남의 집 자식들은 잘도 커 가는데 왜 이렇게 내 자식은 뜻대로 되지 않는지, 또한 이제는 장성하여 제 앞가림은 할 나이인데 왜 저러고 있는지 생각이 들 때의 속상한 마음은 어디에 견줄 수 있겠는가!

이처럼 때로는 보람을 느끼기도, 힘들기도 하였지만 이런 과정을 통해 부모로서 우리 자신도 참으로 성숙해졌음은 부인할 수 없다. 자녀만 커 간 것이 아니라 부모도 함께 커 간 것이다. 육체적으로는 쇠퇴했지만 사람을 보듬을 수 있는 그릇은 분명 커졌다. 까다로운 자녀를 키우면서 도저히 용납할 수 없었던 아이들의 행동도 "애들이 다 그렇지, 뭐!" 하며 이해할 수 있게 되었다. 공부 못하는 것이 도무지 이해가 되지 않았던 것도 공부가 안 되는 자녀를 키우면서 그 심정을 이해할 수가 있게 되었다. 또한 돌이켜 보면 굽이굽이 힘들었던 자녀양육의 어려움이 많은 부분 부모의 욕심에서 비롯된 것임도 알게 되었다. 자녀의 성장과 더불어 부모 자신도 깨닫게 된 것이 많은 것이다. 그래서 조부모가 되어 손자에게는 욕심 부리지 않고 있는 그대로의 아이를 수용할 수 있는 능력을 갖게 된 것이 아니겠는가!

미국의 오바마 대통령도 극찬했듯이 우리나라 부모처럼 자식농사에, 그중에서도 학업에 지극정성을 다하는 민족은 많지가 않다. 그리고 그러한 정성이 오늘날 대한민국을 일군 원동력이 되었음도 부인할 수 없을 것이다. 그러나 그 정성이 지나쳐, 자녀에 대한 관심이 지나쳐, 욕심이 앞서 부모역할이 힘들게 느껴졌던 부분도 없지 않았을 것이다.

부모가 되어 부모역할을 잘하고 싶고, 자식을 잘 키우고 싶고, 그래서 욕심을 부리고 완벽한 부모역할을 꿈꾸는 것을 누가 뭐라고 할 일은 아니다. 또한 자식에 대한 욕심은 부모로서 마지막까지 내려놓기 어려운 욕심이기도 하다. 그러나 다소는 마음의 여유를 갖고, 자녀의 능력을 믿고, 부모와 자녀가 모두 성장해 나가는 관계로 임한다면 부모역할이 조금은 더 즐거워지지 않을까 생각해 본다.

—이 땅의 모든 아이들이 건강하고 행복한 세상을 꿈꾸며—

지은이 소개

정순화(鄭舜化, Soonhwa Chung)

서울대학교 가정대학 가정관리학과와 동 대학원을 졸업하
고, 고려대학교에서 아동학을 전공하여 박사학위를 받았으
며, 현재 고려대학교 사범대학 가정교육과에 몸담고 있다.
저서로는 『부모교육』 『예비부모교육』 『결혼과 가족의 이해』
『애착과 발달』 『정서발달과 정서지능』 등 다수가 있다.

부모 되기, 생각을 담다
A Revisit to Parenting

2017년 1월 20일 1판 1쇄 인쇄
2017년 1월 25일 1판 1쇄 발행

지은이 • 정순화
펴낸이 • 김진환
펴낸곳 • (주)**학지사**

　　　　04031 서울특별시 마포구 양화로 15길 20 마인드월드빌딩
대표전화 • 02)330-5114　　팩스 • 02)324-2345
등록번호 • 제313-2006-000265호

홈페이지 • http://www.hakjisa.co.kr
페이스북 • https://www.facebook.com/hakjisa

ISBN 978-89-997-1124-4 03370

정가 13,000원

이 도서의 국립중앙도서관 출판시도서목록(CIP)은 서지정보유통지
원시스템 홈페이지(http://seoji.nl.go.kr)와 국가자료공동목록시스템
(http://www.nl.go.kr/kolisnet)에서 이용하실 수 있습니다.
(CIP 제어번호: CIP2016030028)

교육문화출판미디어그룹 학지사

심리검사연구소 **인싸이트** www.inpsyt.co.kr
원격교육연수원 **카운피아** www.counpia.com
학술논문서비스 **뉴논문** www.newnonmun.com